# El divorcio explicado
# a los niños

CYNTHIA MACGREGOR

# El divorcio explicado
# a los niños

*Cómo ayudar a los niños a afrontar*
*el divorcio de sus padres*

EDICIONES OBELISCO

Si este libro le ha interesado y desea que le mantengamos informado
de nuestras publicaciones, escríbanos indicándonos qué temas son
de su interés (Astrología, Autoayuda, Ciencias Ocultas, Artes Marciales, Naturis-
mo, Espiritualidad, Tradición...) y gustosamente le complaceremos.

Puede consultar nuestro catálogo en www.edicionesobelisco.com

Colección Nueva Consciencia
EL DIVORCIO EXPLICADO A LOS NIÑOS
*Cynthia MacGregor*

1ª edición: Mayo de 2004

Título original: *The Divorce Helpbook for Kids*

Traducción: *Cristina Domínguez*
Maquetación: *Marta Rovira*
Diseño de portada: *Michael Newman*

© 2001, Cynthia MacGregor
Original inglés publicado por Impact Publishers Inc.,
Atascadero, California, USA.
Edición española por acuerdo con BookBank Lit. Ag., Madrid
(Reservados todos los derechos)
© 2004, Ediciones Obelisco, S.L.
(Reservados los derechos para la presente edición)

Edita: Ediciones Obelisco S.L.
Pere IV, 78 (Edif. Pedro IV) 3ª planta 5ª puerta.
08005 Barcelona-España
Tel. 93 309 85 25 - Fax 93 309 85 23
E-mail: obelisco@edicionesobelisco.com

ISBN: 84-9777-097-8
Depósito Legal: B-16.247-2004

*Printed in Spain*

Impreso en España en los talleres gráficos de Romanyà/Valls S.A.
Verdaguer, 1 – 08076 Capellades (Barcelona)

*Este libro está dirigido a todos aque-llos niños que tienen que sufrir el divorcio de sus padres. Mi hija tuvo que pasar por esta situación cuando su padre y yo nos divorciamos. Fue muy duro para ella. Espero que esta guía ayude a facilitaros un poco las cosas.*

# 1. «Ahora en casa todo es diferente»

Paige había tenido un día horrible en el colegio. Había sacado un simple aprobado en el examen de matemáticas, su asignatura favorita y la que mejor se le daba, se había peleado con su mejor amiga, Hannah, y una de las chicas había dejado caer la bandeja en el comedor y le había vertido toda la salsa de la carne por encima. Había sido un accidente, pero a Paige le había tocado ir todo el día con una mancha de salsa en la blusa.

A las tres y media Paige regresó a casa. ¡Por fin! El simple gesto de abrir la puerta principal hizo que se sintiera mejor. Nada más entrar en casa, percibió un aroma delicioso que provenía de la cocina.

Al pasar por el salón vio el retrato de familia. Había estado colgado de la pared durante años. En él se veía a su padre y a su madre, a su hermano mayor (con el aspecto de cinco años atrás), y a ella misma. (Claro que por aquel entonces ella era una niña muy pequeña.)

Desde la planta de arriba oyó a su hermano que practicaba con su saxo. En ese momento Barry desafinó y Paige hizo una mueca de disgusto, pero, incluso a pesar de que el error musical de su hermano la había horrorizado, Paige empezó a relajarse.

Había sido un mal día, pero ya estaba en casa, rodeada de todo aquello que le resultaba tan familiar a la vista, al oído y al olfato. En casa, donde todo era agradable e íntimo y se sentía segura y protegida.

* * *

Ryan había pasado un día bastante bueno en el colegio. Esta semana en la clase de la señora Hilton estaban estudiando a los dinosaurios, un tema que a él le interesaba mucho, había sacado un notable alto en un trabajo muy difícil que se había esforzado muchísimo en hacer, y estaba muy contento con su nota, y para comer le habían puesto espaguetis y albóndigas, sus platos favoritos.

En el autobús, de camino a casa, uno de los chicos se puso a cantar una canción que había sonado mucho en la radio. Ryan empezó a hacer el tonto con la canción, cambiándole la letra al ritmo de la música.

La primera estrofa de la versión de Ryan hablaba de profesores mezquinos y exámenes difíciles. La segunda, de la comida que se servía en el comedor del colegio. (Las albóndigas y los espaguetis estaban buenos, ¡pero algunos de los platos eran absolutamente horribles!)

Los niños que permanecían sentados cerca de Ryan se rieron mucho de las estrofas inventadas que había añadido a la canción.

—¡Es divertido! —dijo uno de los niños.

Otro le preguntó si había pensado en dedicarse a escribir canciones cuando fuera mayor.

—¡Apuesto a que podrías ganar un Grammy! —le dijo.

Y un grupo de niños le aplaudió.

Cuando bajó del autobús, Ryan se sentía muy bien, pero a medida que recorría las calles en dirección a su casa, su buen humor empezó a evaporarse. Cuanto más cerca estaba de su casa, peor se sentía. Empezó a caminar más despacio, con el objetivo de alargar el trayecto, hasta que llegó a la puerta principal de su casa.

Cuando la abrió, le pareció que todo era como de costumbre. Fue entonces cuando se adentró en el salón, en busca de su madre.

Una vez más vio la parte casi cuadrada de la alfombra donde el color era más vivo, menos descolorido. Era el lugar donde había estado el sillón de su padre. A continuación vio el hueco que había sobre la chimenea, donde había estado colgada la foto de sus abuelos paternos. También faltaban otras fotografías.

El extremo de la mesa cercano al lugar donde había estado el sillón de su padre también tenía un aspecto diferente. Estaba limpio y pulido... y vacío. Era deprimente.

Ryan había regresado a casa pero había dejado su buen estado de ánimo al otro lado de la puerta principal. No había vuelto a casa con él. Ryan no quería estar de mal humor ni sentirse desdichado, pero últimamente ya no era capaz de ser feliz en casa. No desde que su padre se había marchado.

Ahora en casa todo era, sin duda alguna, diferente.

\* \* \*

Cuando eras pequeño y te hacías daño, o alguno de los niños te intimidaba, ¿no era siempre un alivio saber que podías irte corriendo a casa? Tu casa... donde todo era agradable, familiar y seguro.

No importaba lo que te sucediera en el exterior porque tu casa seguía siendo tu casa. Puede que los vecinos se enfurecieran contigo si les aplastabas las flores del jardín mientras corrías tras una pelota. Puede que tus amigos no jugaran limpio. Puede que te cayeras de la bicicleta o que perdieras tu juguete favorito, pero cuando llegabas a casa siempre te sentías a salvo. Tu casa... el único lugar donde nada cambiaba y te sentías protegido permanentemente.

Sin embargo, es posible que para ti ya no sea así. Si tus padres se han divorciado recientemente o están a punto de hacerlo, es muy probable que tu vida en casa haya cambiado mucho.

*¿Cuáles son algunos de los*
*cambios que has notado?*

☹ Lo más probable es que el cambio más importante consista en que uno de tus padres, seguramente tu padre, se haya marchado de casa y, por supuesto, ¡le echas muchísimo de menos! (O bien echas de menos a tu madre, en el caso de que sea ella quien se haya marchado de casa.)

☹ Junto con tu padre o tu madre se han ido probablemente también su ropa, sus efectos personales y quizás incluso algunos de los muebles de tu casa.

☹ Es posible que tus padres te digan «No podemos permitírnoslo» o «Eso es demasiado caro para nosotros» con más frecuencia de lo que lo hacían antes.

☹ Puede que te hayas mudado a un nuevo piso o casa y que incluso hayas cambiado de colegio.

☹ Si tu madre ya no trabajaba fuera de casa, es posible que desde que tus padres se separaron haya vuelto a hacerlo.

☹ Si tu madre trabajaba media jornada, puede que ahora trabaje todo el día.

☹ La cena (así como otras comidas familiares) puede parecerte algo solitaria al no ocupar tu papá o mamá su lugar habitual en la mesa.

☹ Es posible que te hayan asignado tareas de la casa o responsabilidades nuevas.

## ¿Cómo te hacen sentir todos esos cambios?

Probablemente todos estos cambios harán que te sientas bastante triste la mayor parte del tiempo. Quizá sientas un «vacío» en tu interior o una sensación de dolor. He aquí algunas de las cosas de las que vamos a hablar en este libro:

☺ Razones por las que se divorcian los padres.

☺ Cómo cambiaría tu vida si tus padres se divorciaran.

☺ Qué es lo que probablemente piensas del divorcio.

☺ Cosas que puedes hacer para sentirte mejor.

☺ A quién puedes acudir para hablar de los sentimientos que albergas en tu interior.

☺ Qué es lo que es muy probable que suceda en tu casa en los próximos meses.

Contestaré tantas preguntas como pueda, incluidas, seguramente, algunas en las que ni siquiera habías pensado aún.

# Sé muy bien lo que es un divorcio

¿Te preguntas quién soy yo para hablar así del divorcio? Pues bien, soy una escritora que ha publicado alrededor de una treintena de libros pero, más aun, soy madre divorciada. Sí, así es... Yo le hice a mi hija exactamente lo mismo que tus padres te han hecho o te están haciendo a ti.

No fue fácil.

No fue fácil para ella, pero tampoco para mí. Créeme... ningún padre o madre quiere hacer sentir mal a sus hijos.

Es muy probable que te parezca que tus padres sólo piensan en ellos mismos. Si quisieran hacerte sentir bien, pensarás, no habrían roto su matrimonio. No obstante, nada de eso es cierto. En mi caso no fue así y probablemente tampoco lo sea en el caso de tus padres.

Sin embargo, cuando una pareja se pelea con mucha frecuencia, o incluso deja de dirigirse la palabra, el ambiente que se vive en casa no es lo que se dice agradable y eso se traslada a los hijos. En realidad no contribuye a crear una situación alegre. El rumbo que habían tomado las cosas en mi matrimonio no hacía feliz a mi hija, y si tus padres hubieran continuado casados, tampoco te habrían hecho feliz.

Con todo, yo ayudé a mi hija a aprender a vivir con padres divorciados, y, si quieres ¡también puedo ayudarte a ti!

Deseo ayudarte porque he vivido esa situación. He sido testigo de los efectos que puede producir el divorcio en un niño. He visto lo que le hizo a mi hija y también me he dado cuenta de que no es el fin del mundo. He descubierto que ella podía enfrentarse a esa situación, que podía superarla y vivir con los efectos del divorcio y, a pesar de todo, ser feliz.

Y tú, también puedes.

Pero eso no es todo, porque he vuelto a pasar por ello con mis nietos. Sí, mi hija es ahora una persona adulta y se ha divorciado. Sus propios hijos están pasando por la misma situación horrible por la que pasó ella de niña, pero puede ayudarles a superarla con mayor facilidad porque ella también la ha superado. Como suele decirse, «lo ha vivido en carne propia».

No obstante, no quiero que nadie saque una conclusión equivocada: sí, es cierto que yo estoy divorciada y que mi hija también lo está, pero nuestros divorcios no están relacionados entre sí. ¡El hecho de que seas hijo de padres divorciados no significa que cuando seas mayor tengas más probabilidades de divorciarte tú también!

Mi hija sabe lo que es vivir con unos padres divorciados y, por lo tanto, le ha resultado más sencillo entender la situación por la que están pasando ahora sus hijos. Así que una experiencia desagradable como esa (mi hija tuvo que enfrentarse al divorcio de sus padres cuando todavía era una niña) ha acabado por tener un lado positivo (ella es capaz de ayudar a sus hijos y entender lo que sienten).

El hecho de ver cómo mis nietos aprendían a vivir en una familia de padres divorciados me ha ayudado a escribir este libro, como lo hizo el ver a mi hija hacer frente a mi propio divorcio.

Tanto mi hija como mis nietos han pasado por ello y tú también puedes hacerlo.

Sé que no parece nada fácil. Nunca dije que lo fuera y no lo es, pero tú puedes hacerlo.

Este libro te ayudará.

¿Estás listo? Pues vamos allá.


## Nota a los lectores

El divorcio es diferente para todas las familias que pasan por él. Puede que vivas con tu padre o tu madre, o que pases una temporada con cada uno.

Por esa razón es posible que aunque yo haga referencia a algo que diga o haga tu padre, en tu caso sea tu madre quien lo diga o lo haga. Puedes cambiarlo a medida que vayas leyendo según sea tu padre o tu madre con quien convivas.

Puede que te vaya bien tener a mano un diario personal mientras lees, para que puedas anotar cualquier idea o sentimiento que desees recordar más adelante.

Si alguno de los capítulos te parece confuso o difícil de entender, puedes pedirle a papá o a mamá que lo lea contigo para que luego podáis hablar de lo que no has comprendido y resolver tus dudas.

## 2. «¿Por qué mis padres no pueden seguir casados?»

Es muy probable que lo primero que te preguntes sea lo siguiente:

*¿Por qué tiene que cambiar todo? Me gustaba más cuando mis padres estaban casados y vivíamos todos juntos.*

Te gustaba más por dos razones. Primero porque es agradable que tus padres vivan contigo en la misma casa y que la familia esté unida. Segundo porque siempre nos sentimos más cómodos con lo que nos resulta familiar.

Cuando eras muy pequeño, probablemente tenías una manta favorita, un juguete favorito y otras cosas que te gustaban más que otras. Cuando estabas triste, te sentías dolido, tus padres se enfadaban contigo o había tormenta y te asustabas, esos objetos especiales te reconfortaban. Te abrazabas a tu juguete o a tu manta y te sentías a salvo.

Incluso ahora es probable que las cosas que conoces te hagan sentir mejor. Puede que tengas una camisa favorita que te haga sentir bien cuando la llevas puesta, o que todavía tengas un juguete preferido (aunque ya no sea el mismo que tenías hace años) y que cuando juegues con él te sientas seguro y aliviado. Es posible que tengas un CD o casete que te ayude a sentirte bien cuando lo escuchas.

Si tienes una mascota, es probable que jugar con ella te haga sentir mejor. Salir con tu mejor amigo o amiga también es bueno para ti. Te gusta, le conoces bien y puedes confiar en él o ella.

Más adelante hablaremos de cómo todas esas cosas pueden ayudarte a sentirte mejor cuando estés triste por el divorcio de tus padres. Ahora, sin embargo, las he mencionado por otro motivo: esas cosas (el juguete, tu vieja manta, tu canción favorita, tu mascota y tu mejor amigo, así como otras de tus cosas preferidas de las que hayas estado rodeado durante algún tiempo) te hacen sentir bien por diversas razones. Fundamentalmente te hacen sentir bien por que te resultan familiares. Todo lo nuevo es emocionante. Es divertido tener juguetes nuevos, leer libros nuevos o hacer nuevos amigos. Los cambios también pueden resultar emocionantes pero, a veces, incluso los cambios a mejor pueden hacer que te sientas inquieto. ¿Has cambiado alguna vez de colegio? Puede que tu nuevo colegio fuera mejor, que tus compañeros fueran más simpáticos y que tu nueva profesora te gustara más, pero estoy segura de que el primer día de clase, y durante unos cuantos días más, quizá, sentiste un «cosquilleo en el estómago». Echabas de menos tu antiguo colegio, al que ya estabas acostumbrado, porque lo que te resulta familiar es siempre mucho más agradable.

Casi todo el mundo se siente más cómodo cuando está rodeado de las cosas que conoce, cuando se encuentra en un lugar conocido, con gente conocida, y cuando su vida no sufre cambios bruscos.

¿Por qué estoy hablando de colegios nuevos y viejos juguetes? Porque quiero que seas consciente de lo reconfortantes que son las cosas que conoces y el modo habitual de hacerlas. Quiero que entiendas que una de las otras razones por las que un divorcio puede ser desconcertante es el cambio de rutina que lo acompaña.

No sólo echas mucho de menos a tu padre o a tu madre, ahora que él o ella ya no vive contigo, sino que echas en falta la sensación de tranquilidad que tenías cuando todo era como de costumbre. Los cambios son inquietantes y un divorcio implica muchos cambios.

*¿Cuáles son algunos de esos cambios?*

Tus padres ya no viven juntos. Si tu padre solía llevarte al colegio, puede que ahora sea tu madre quien lo haga, que tengas que ir en autobús, que te lleve el padre o la madre de alguno de tus amigos o que tengas que desplazarte de algún otro modo.

Si ahora vives en otro lugar, es posible que vayas a un colegio diferente y que tengas que hacer nuevos amigos.

Puede que la cena se sirva antes o después de la hora que solías cenar o que cenes en la cocina en vez de en el comedor.

Es posible que ahora tu madre prepare platos diferentes, cosas que a tu padre no le gustaban, o que comas fuera de casa más a menudo porque tu madre o tu padre trabajan más y ya no disponen de tiempo para prepararte la comida.

Si es tu madre quien se ha marchado de casa, puede que tu padre no cocine las mismas cosas que solía cocinar tu madre o que ni siquiera lo haga. Es posible que cocine de forma diferente. Quizás incluso estés aprendiendo a cocinar para ayudar más a papá o a mamá.

Es probable que te quedes solo en casa mucho más a menudo o que te dejen solo por primera vez. En cualquier caso eso podría hacerte sentir más adulto o a veces un poco asustado, quizá.

Debido a que para muchas personas los cambios son desconcertantes, a algunos niños los cambios de rutina les entristecen tanto como el hecho de que su padre (o su madre) ya no viva con ellos.

*¿Por qué mis padres tienen que dejar de estar casados? ¿Por qué no puede haber seguido todo tal y como estaba?*

Existen muchas razones por las que las personas se divorcian pero la mayoría de esas razones se reducen a una de estas dos:

☹ Ya no se quieren.
☹ Todavía se quieren pero ya no se llevan bien.

## ¿Van a dejar de quererme a mí también?

Es posible que temas que *si ellos ya no se quieren*, dejen de quererte a ti también.

¡Eso es imposible!

El amor que sienten los padres por sus hijos es un amor muy especial. No importa lo disgustados, molestos o enfadados que estén contigo, o lo mucho que les hayas decepcionado, porque unos padres que te quieren *no dejarán* de hacerlo nunca.

Puede que griten, que parezcan tristes, que se pongan severos, que te echen una reprimenda o incluso que den la impresión de que no te están prestando demasiada atención pero aun así ellos te quieren mucho.

A lo mejor no les ha gustado algo que has hecho, cómo te has comportado esta tarde o cómo lo hiciste ayer por la noche. Puede que no les guste la forma en que le hablas a tu hermana o hermano, pero a pesar de ello *te quieren y eso nunca cambiará*.

El amor que los padres sienten por sus hijos se parece al que los hijos sienten por sus padres. A veces te enfadas mucho con tus padres. Otras veces te pones furioso por algo que han dicho o que no te dejan hacer. Pero tú lo olvidas y les quieres a pesar de todo... sin importar lo que digan o hagan o lo mucho que te enfades con ellos, ¿verdad?

Lo mismo sucede con el amor que los padres sienten por sus hijos: es un amor muy especial. Por más que se enfaden contigo, *eso no significa que no te quieran.* Incluso si tu padre y tu madre dejaran de quererse el uno al otro, nunca dejarían de quererte a ti.

Puede que estés pensando «Papá me ha gritado mucho últimamente. Creo que ya no le gusta nada de lo que hago».

Probablemente no sea culpa tuya. Quizá has estado haciendo cosas que le ponen nervioso. Después de todo, tú también lo estás pasando mal. Sin embargo, es posible que él no sea muy feliz y que tú estés pagando el pato.

¿Recuerdas cómo te sientes cuando suspendes un examen, en el comedor del colegio te ponen acelgas, te rompes accidentalmente los vaqueros y encima te metes en una pelea de camino a casa? Te sientes tan desgraciado que incluso le hablarías mal a tu mejor amigo, le gruñirías a tu madre o ignorarías a tu perro. ¿Verdad?

Pues bien, tus padres intentan no pagarlo contigo cuando no se sienten felices, pero también son humanos. Cuando las cosas son muy desagradables para ellos, se ponen de mal humor, igual que te sucede a ti. Les entra el mal genio y se enfadan con más facilidad. Todas esas cosas que tú haces y que normalmente no les preocupan demasiado les irritan más y se vuelven impacientes o se molestan contigo. Al final terminas por recibir una reprimenda o un gruñido y eso puede dolerte mucho.

## ¿Cómo ha podido sucederles esto a papá y mamá?

A los padres no les resulta fácil divorciarse y lo que precede al divorcio tampoco lo es.

*¿Qué quieres decir?*
*¿Qué es lo que precede al divorcio?*

Lo que precede al divorcio es la razón de que se produzca. De hecho existen muchísimas razones pero piensa en las dos más comunes: que tus padres ya no se quieren o que todavía se quieren pero ya no se llevan bien.

Si tu papá y tu mamá ya no se llevan bien, es probable que se hayan estado peleando mucho. Puede que incluso les hayas oído hacerlo. (O que hayan esperado a que no les oyeras para discutir. Puede que no tuvieras ni idea de que tenían problemas.) No es nada agradable vivir con alguien con quien te pasas el tiempo discutiendo. ¿Te gustaría a ti vivir así?

Así que es posible que tu papá y tu mamá hayan discutido mucho últimamente o que hayan estado hablando de la posibilidad de pedir el divorcio. Para ellos no ha sido una época demasiado feliz.

*Pero yo me peleo con mis amigos y al día siguiente ya volvemos a ser amigos. ¿Por qué papá y mamá no pueden hacer las paces como lo hacemos nosotros?*

No es tan fácil. Es posible que se hayan peleado mucho, que hayan hecho las paces y que luego hayan vuelto a pelearse. Seguro que no quieren pasarse el tiempo peleándose. Incluso si haces las paces después de cada discusión, no es bueno seguir discutiendo.

Por otro lado, sus peleas son, probablemente, mucho más graves que las que tú tienes con tus amigos. Por lo general, las cosas por las que se pelean los padres, o un matrimonio, son muy diferentes a las razones que llevan a dos amigos a pelearse.

No es justo para ti que tus padres sigan casados si no se llevan bien. Si discuten mucho o dejan de hablarse, es muy probable que no estén de buen humor y, por lo tanto, es posible que te regañen o que se enfaden por algunas de las cosas que haces y que no tienen importancia; cosas que antes eran capaces de ignorar.

*Pero nunca oigo a mis padres pelearse.*

Puede que lo hagan sólo cuando no estás escuchando o que no se peleen del modo en que lo hacéis tú y tus amigos. Las personas se comportan de formas muy diferentes cuando no se llevan bien y las discusiones, peleas e insultos implacables no son las únicas. A veces se evitan, se ignoran unas a otras o simplemente hacen ver que no ocurre nada malo.

# ¡Recuerda siempre que no es culpa tuya!

Si hago todos los días la cama, estudio mucho y saco sobresalientes en todo y no pongo la música muy alta, ¿crees que papá se quedaría en casa?

Presta mucha atención porque lo que voy a decirte es muy importante:

> *¡Tus padres no van a romper su relación*
> *por algo que tú hayas hecho!*
> ¡NO ES CULPA TUYA!

Es fácil que te eches la culpa cuando todo lo que sucede a tu alrededor va mal. Además, si últimamente tus padres se han enojado contigo con mayor facilidad, porque no son felices, es muy probable que estés confundido. Podrías pensar incluso que tu papá (o tu mamá) se marcha de casa porque no está contento contigo. ¡Pero eso no es verdad!

Esto es tan importante que voy a decírtelo otra vez, y con mayúsculas: ¡NO ES CULPA TUYA!

TÚ NO ERES RESPONSABLE DE SU DIVORCIO.

\* \* \*

Hacía tiempo que los padres de Corey no se llevaban bien. Se hablaban mal el uno al otro, había mucha tensión en casa y la hora de la cena ya no era motivo de alegría.

Tampoco se llevaban bien con Corey. A pesar de que él intentaba portarse bien con su hermano y hacer todas las tareas que le habían asignado, nada de lo que hacía parecía complacerles, especialmente a su padre.

Un día el padre de Corey le dijo que muy pronto se mudaría a un piso no muy lejos de allí. Le dijo que pasaría mucho tiempo con él y que Corey podría pasar algunos fines de semana en su piso, pero Corey no quería que su padre se marchara.

Últimamente el padre de Corey se había quejado mucho de que Corey no hacía sus tareas a tiempo, así que éste empezó a hacerlas de inmediato e incluso empezó a hacer cosas extra para ayudar en casa.

Otro de los motivos por los que Corey y su padre habían discutido era los deberes, así que Corey decidió ponerse a hacerlos tan pronto como llegara a casa del colegio. También empezó a ser más amable con su hermano pequeño ¡e incluso a comer coliflor cuando su madre la preparaba!

Corey cambió su actitud en todo lo que para su padre había sido motivo de queja. Hasta mejoró en cosas que su padre ni siquiera había mencionado. Aun así, su padre se marchó de casa al cabo de dos semanas.

Corey estaba destrozado.

—Pero tú me gritaste por todas esas cosas y yo las he cambiado. Hago mis deberes. Hago mis tareas. He cambiado todo aquello de lo que te quejabas. ¿Por qué te marchas entonces? —preguntó Corey.

Corey sintió que su padre le había engañado, pero lo que Corey no entendió fue que su padre no se marchaba de casa por algo que él hubiera hecho (o dejado de hacer). El padre y la madre de Corey no se llevaban bien. Ambos eran infelices, especialmente el padre de Corey.

El padre de Corey no era feliz y eso daba lugar a que no estuviera contento con nada. Cualquier cosa que antes le molestara, ahora le molestaba aún más y si Corey no hacía sus deberes o no ayudaba en casa, él se quejaba mucho más ahora de lo que solía hacerlo.

Sin embargo, el principal motivo de la infelicidad de su padre no tenía nada que ver con Corey. El padre de Corey no se marchaba de casa por su culpa y aunque los padres de Corey estaban muy satisfechos con su cambio de comportamiento, eso no cambiaba nada.

Corey no era el motivo de su divorcio y nada de lo que él hiciera podía cambiar el hecho de que sus padres no iban a seguir estando casados. En tu caso sucede lo mismo: tus padres no se están divorciando por tu culpa. Nada de lo que digas o hagas puede hacer que sigan juntos.

TÚ NO ERES EL RESPONSABLE. NO TIENES LA CULPA.

Además, tampoco puedes «arreglar» las cosas entre ellos.

## Si no es culpa mía, ¿de quién es la culpa entonces?

Ninguna situación es tan simple como eso. No siempre puedes echarle la culpa a alguien. Es muy probable que ni tu mamá ni tu papá se hayan hecho nada a propósito para hacerse infelices. Lo cierto es que no se dieron por vencidos y decidieron divorciarse tras la primera discusión.

Existen muchas razones por las que las personas se divorcian. En el caso de tus padres, la razón no importa demasiado. El hecho es que no cambia nada. Sea cual fuere, puedes estar seguro de que tus padres piensan que es un buen motivo para separarse. Además, ten por seguro que han intentado resolver sus problemas antes de acordar que debían pedir el divorcio.

Esto es lo que necesitas saber:

☺ No decidieron pedir el divorcio por una sola discusión.

☺ No decidieron pedir el divorcio para herirte. Eso es lo último que desean.

☺ No decidieron divorciarse sólo para ser malos contigo o el uno con el otro.

☺ No decidieron pedir el divorcio por algo que hicieras o dejaras de hacer.

☺ No son felices estando casados.

☺ Si no son felices juntos, van a estar descontentos con muchas cosas. Como resultado, tú también tienes muchas probabilidades de ser menos feliz.

☺ Aunque te resulte difícil creerlo, todo mejorará.

## ¿Por qué mis padres no se llevan bien?

*Siempre nos están diciendo a mis amigos y a mí que tenemos que aprender a llevarnos bien. ¿Por qué no se aplican ellos el cuento?*

No es tan simple. Me encantaría que lo fuera (¡y apuesto a que a ti también!).

A veces las personas cambian. Unas veces cambian para mejor. Otras no cambian ni para mejor ni para peor, sino que se vuelven simplemente diferentes. Pero en ocasiones cambian de un modo al que los demás no saben cómo enfrentarse, y esforzarse más en llevarse bien no es la respuesta.

Otro problema es que a veces con el tiempo las personas desarrollan intereses distintos. Por ejemplo, es posible que cuando tus padres se casaron a ambos les gustara hacer cosas juntos, como jugar a los bolos, hacer un crucigrama, jugar a las cartas o arreglar el jardín. Ahora puede que no les divierta hacer ese tipo de cosas.

Quizás a tu madre ya no le divierte jugar a los bolos o tu padre ya no quiere jugar a las cartas. Es posible que a tu padre ahora le guste arreglar coches viejos u observar a los pájaros y que a tu madre no le interese ninguna de esas cosas. Puede que tu madre haya aprendido a jugar al golf o le guste ir de excursión pero que tu padre no quiera hacer ese tipo de cosas con ella.

Es posible que a ti te haya sucedido algo similar. Quizá tenías un amigo con quien te gustaba salir. Puede que al principio os divirtieran las mismas actividades, pero que con el tiempo vuestros intereses ya no fueran los mismos.

* * *

*Scott y Mike eran buenos amigos. A ambos les gustaba patinar juntos y siempre se divertían mucho.*

*Pero un día los padres de Scott le compraron un ordenador y Scott empezó a dedicarle la mayor parte de su tiempo. Jugaba con juegos de ordenador, se inventaba historias y luego las escribía y exploraba el chat para niños de un servicio on-line.*

*Entretanto, la abuela de Mike le regaló una colección de sellos por Navidad. A Mike le encantaron los sellos y empezó a dedicarles mucho tiempo. Se pasaba horas colocándolos en álbumes, intercambiándolos con otros niños, visitando tiendas para coleccionistas y leyendo revistas de filatelia.*

Además, Mike hizo nuevos amigos; niños que también coleccionaban sellos y podían intercambiarlos con él.

Mike intentó hablar de su colección de sellos con Scott. A Scott no le interesaba demasiado, pero como sabía que era importante para Mike, le escuchó.

Sin embargo, al cabo de un rato Scott empezó a aburrirse. Intentó desviar la conversación hacia la informática. Los ordenadores le interesaban mucho. Pero a Mike no le interesaban en absoluto los ordenadores e intentó retomar el tema de los sellos.

Esta misma situación se repetía a menudo. Mike y Scott ya no querían ir a patinar. La gran afición de Mike eran los sellos pero a Scott no le interesaban para nada. Como él no tenía su propia colección, no podía intercambiar sellos con Mike y cuando él le hablaba de «sellos sin franquear», «primeras emisiones» y «sellos conmemorativos», a Scott todo le sonaba a chino.

Por otro lado, cuando Scott hablaba de «chats», «emoticones» y «mensajes de correo electrónico», Mike no sabía a lo que se refería. Tampoco le importaba. No tenía ordenador, no mostraba especial interés en tener uno y no quería hablar de ordenadores con Scott.

Mike y Scott descubrieron que ya no tenían casi nada en común. No sabían de qué hablar y ya no se lo pasaban tan bien juntos.

*Pronto dejaron de pasar tiempo juntos. Ambos tenían intereses distintos. Mike no quería hacer lo que le gustaba a Scott. Ni siquiera le gustaba hablar de ello. Scott, por su parte, no se divertía con el pasatiempo de Mike ni quería hablar de él.*

*Con el tiempo dejaron de ser amigos. No es que se convirtieran en enemigos ni nada parecido, sino que descubrieron que ninguno de los dos disfrutaba ya con la compañía del otro.*

\* \* \*

A las personas adultas casadas puede sucederles lo mismo. Si desarrollan intereses distintos y no los comparten, pueden acabar por no tener nada con lo que divertirse. Incluso pueden terminar por no saber de qué hablar o por no disfrutar estando juntos.

Es probable que intenten encontrar alguna actividad o afición que puedan compartir, aunque es muy posible que ya no se diviertan haciendo cosas juntos. Quizá ninguno de los dos se interese por las cosas de las que le gusta hablar al otro.

*¡Esto no es culpa de nadie!* Nadie ha hecho nada malo. Nadie está siendo mezquino. No hay nadie que deba «parar» de hacer algo. Nadie tiene la culpa.

# 3. «¿Qué va a suceder ahora?»

Lo próximo que debes saber es que tanto si tus padres están casados y viven juntos como si están divorciados, todavía sois una familia. Si tu papá y tu mamá están divorciados, eso significa que ya no son marido y mujer, pero siguen siendo, y siempre lo serán, tu padre y tu madre.

Tu forma de vivir y otras cosas cambiarán, pero tu madre seguirá siendo tu madre y tu padre seguirá siendo tu padre, y lo mismo sucederá con tus familiares.

*Pero, ¿dónde va a vivir cada uno de nosotros?*

¡Buena pregunta! Hace años, cuando un matrimonio se divorciaba, el juez casi siempre le otorgaba la custodia a la madre.

## ¿Custodia? ¿Qué es eso?

He aquí un ejemplo: el hecho de que sea tu madre quien tenga la custodia significa que tú vives con ella. Significa que es ella quien determina si vas a pasar el verano en casa, en un campamento o con algún familiar. Ella decide si puedes quedarte a dormir en casa de un amigo, ir a la pista de patinaje o llevar un tipo de ropa determinado en público. Es la que te obligará a hacer los deberes o te dirá si puedes ver la televisión. Significa que ella toma la mayor parte de decisiones con respecto a ti.

Hoy en día, sin embargo, la madre ya no recibe automáticamente la custodia. A veces el juez toma otro tipo de decisiones:

☺ Podría darle la custodia de los hijos al padre.

☺ Si el matrimonio tiene un hijo y una hija, el juez podría darle la custodia de la niña a la madre y la del niño al padre.

☺ El juez podría conceder lo que se llama «custodia compartida». Eso significa que tanto tu mamá como tu papá tienen el mismo derecho a tomar decisiones con respecto a ti y que tú seguramente vivirás un tiempo con cada uno. Quizá vivas una mitad de la semana con tu madre y la otra con tu padre o puede que una semana vivas en casa de tu madre y la semana siguiente la pases en casa de tu padre.

A veces, incluso, el juez escucha la opinión del niño. Depende del juez y de la edad que tengas pero debes saber que, como mínimo, algunos jueces prestan atención a lo que el niño quiere. Eso no significa, sin embargo, que obtengas automáticamente lo que deseas. Puede que le digas al juez que lo que quieres es vivir con tu padre y que, aun así, el juez decida que lo mejor para ti es que vivas con tu madre. Aunque es posible que tengas la oportunidad de expresar tus opiniones.

### Si vivo con mamá, ¿volveré a ver a papá?

¡Pues claro! ¡Probablemente le verás mucho! Por lo general, cuando uno de los padres obtiene la custodia, al otro se le concede el «derecho de visita». Es posible que visites a tu padre un fin de semana de cada dos y que pases con él todo el fin de semana, o que lo hagas todos los domingos, y quizá también entre semana. (Por supuesto, si vives con tu padre, será a tu madre a quien visites los fines de semana, o en cualquier otro momento, en función del acuerdo al que hayan llegado tus padres y el juez). A veces uno de tus progenitores (con el que no vives) se ve obligado a trasladarse a otra ciudad debido a su trabajo. Eso puede dar lugar a que te resulte más difícil verle con la misma asiduidad con la que ves al que tiene la custodia. Aunque, cuando sucede, suele significar que pasarás más vacaciones y días en los que no tengas clase con él/ella.

*¿Por qué tiene que haber un juez?*
*¿Es que mi padre o mi madre*
*han hecho algo malo?*

No todos los jueces y los juzgados están ahí para celebrar juicios. No todos los que pasan por un juzgado están acusados de cometer un crimen. Existen otras razones por las que la gente va a los juzgados, y una de ellas es para divorciarse.

Tus padres tienen que dividir todo lo que poseen, calcular el dinero que han de repartirse y, más importante aún, resolver todo lo que te concierne a ti. Cosas como con quién vas a vivir y cuándo podrá verte el que no viva contigo. Algunos jueces no hacen otra cosa al día que escuchar a parejas que se están divorciando y ayudarles a acordar los detalles de la separación.

*¿Quién se queda con la casa donde vivimos? ¿Papá o mamá?*

No hay una respuesta fija a esa pregunta. Depende de muchas cosas. En la mayoría de los casos los niños van a vivir con la madre y ésta se queda con la casa, pero no siempre es así. A veces es el padre el que se queda con los niños y con la casa.

En ocasiones resulta demasiado caro seguir pagando la casa familiar y correr con los gastos derivados de que el padre (o la madre) viva en otro lugar, así que los dos cambian de casa.

A veces, tras el divorcio, la madre, que antes solía quedarse en casa, vuelve a trabajar durante el día y es posible que prefiera vivir en otro barrio, o en la ciudad vecina, para estar más cerca de su nuevo trabajo. (En ocasiones el padre también tiene que cambiar de residencia a causa de su trabajo.)

Otras veces la madre y los hijos se ven obligados a mudarse para vivir con algún familiar que pueda ayudar a la madre a cuidar de los niños. También puede suceder que la madre decida compartir casa con otra madre divorciada que también tenga hijos a su cargo. De ese modo, ambas podrían compartir la responsabilidad de vigilar a los niños y establecer turnos para hacer la comida, limpiar la casa, comprar y llevar a cabo las demás tareas del hogar.

También puede darse el caso de que tanto el padre como la madre se cambien de casa con el objetivo de empezar de nuevo en una casa nueva. Para ellos es como si mudarse a una casa completamente nueva fuera el inicio de una nueva vida.

*Si vivo con mamá, ¿cuándo podré ver a papá? (O si vivo con papá, ¿cuándo podré ver a mamá?)*

Eso depende, principalmente, del acuerdo de visitas que se establezca en el momento en que tus padres se divorcien. Si vives con tu madre, tu padre tendrá un derecho de visita regular. Es muy probable que pueda verte todos los domingos, un fin de semana de cada dos o una noche a la semana, o que te lleve dos semanas con él en verano.

*¿Qué pasa si papá se va a vivir fuera de la ciudad? ¿Y si nos vamos mamá y yo?*

Entonces no le verás tan a menudo, ¡pero seguirás viéndole! En ese caso es posible que pases por lo menos una parte de las vacaciones con él. Probablemente estéis más tiempo juntos que si él viviera cerca de donde tú vives.

*¡Vaya! ¡Suena como si fueran a producirse muchos cambios en mi vida! ¿Qué más va a cambiar?*

Además de cambiar de casa y de forma de vida, es muy probable que el cambio principal sea que tu madre tenga que trabajar (si es que no lo hace ya).

Otro de los cambios que probablemente percibirás es que tu madre y tu padre tienen menos dinero que antes. Ten por seguro que velarán para que siempre tengas todo lo necesario y no te falte ni comida ni ropa, pero quizá no puedan comprarte tanta ropa nueva como antes. Es posible que no puedas ir tan a menudo al cine o que te digan que ya no podréis ir con tanta frecuencia a comer al restaurante.

Por otro lado, puede que tu madre disponga de menos tiempo para cocinar y que acabes consumiendo más «comida para llevar».

Si eres lo suficientemente mayor, es posible que tu madre (o tu padre) te pida que ayudes en la cocina. También tendrás que colaborar más en las tareas de la casa. Si hasta ahora nunca habías tenido que fregar los platos, puede que ahora te pida que lo hagas. Quizá te pida que laves la ropa alguna vez, o que saques la basura. Las tareas que debas hacer dependerán de varias cosas. Entre ellas, de tu edad y de si tienes hermanos o hermanas con quienes repartirlas.

Si tu madre trabaja a tiempo completo, quizás estés solo en casa cuando vuelvas del colegio por las tardes. Quizá tus padres hablen con algún vecino para que vayas a su casa después del colegio o te inscriban en alguna actividad extraescolar. También es posible que haya otra persona en casa que cuide de ti cuando vuelvas de clase.

Tus padres pueden parecer tristes a veces. Aun cuando ambos padres están de acuerdo en que el divorcio es lo mejor para ellos, no siempre están contentos con esa solución.

Seguramente alguna vez habrás tomado decisiones que, aunque en su momento sabías que eran las más acertadas para ti, no siempre te han hecho feliz. Quizás hayas adoptado un perro grande aunque tu casa no tuviera una terraza lo suficientemente amplia para él. Puede que te dieras cuenta de que el perro no era feliz en un sitio en el que no tenía espacio para correr y que incluso mordiera tus juguetes y toda la ropa y los papeles que encontrara porque no se sentía feliz. Si eso te hubiera sucedido alguna vez, probablemente habrías tenido que regalar el perro a alguien que tuviera espacio suficiente para que él corriera de un lado a otro. Sabrías que habías tomado la mejor decisión pero no estarías contento con ella. En cierto modo, los divorcios pueden ser así.

# 4. Cómo enfrentarse a los sentimientos

Cuando los padres se divorcian, sus hijos experimentan una gran variedad de sentimientos... o se reprimen y no sienten nada. Algunos niños se limitan a encerrarse en sí mismos. En vez de sentir todo el dolor y la rabia que la mayoría de niños sienten, ellos desconectan sus emociones e inmediatamente dejan de sentir. Pero no sólo no experimentan nada con relación al divorcio, sino que sus sentimientos con respecto a otras muchas cosas se cierran también como si se tratase de un grifo.

* * *

*Los padres de Evan se habían divorciado justo antes de Navidad. Evan pensó que estaría muy triste pero, por el contrario, no sintió prácticamente nada. Por desgracia a Evan le sucedía lo mismo con respecto a* todo lo que le rodeaba. No sólo no se sentía desdichado, sino que la llegada de las Navidades no le entusiasmaba demasiado.

Sólo quedaban dos semanas para Navidad y las tiendas estaban repletas de adornos navideños, pero él no reparó en ello. Por la tele daban ya muchos de sus programas de Navidad favoritos, pero una noche, cuando su madre le dijo que aquella noche daban Charlie Brown y Snoopy, él le respondió que le daba igual.

La última semana de clase antes de las vacaciones, había un examen de matemáticas muy difícil. Evan sacó un sobresaliente. ¡Contestó todas las preguntas bien! La profesora estaba tan orgullosa de él que le llenó de elogios delante de toda la clase. A Evan, sin embargo, no le importó.

El último día de clase, todos los demás niños gritaron de alegría cuando sonó el timbre que indicaba que se habían terminado las clases, pero Evan no sintió ningún entusiasmo por el comienzo de las vacaciones.

Los reyes le trajeron muchos regalos. Incluso le trajeron la bicicleta nueva que tanto le había pedido a su padre, pero prácticamente le dio igual. Nada parecía importarle.

\* \* \*

Los niños como Evan no desconectan sus emociones a propósito. No toman la decisión de no sentir nada. Se trata sólo del modo en que algunas personas se protegen a sí mismas de algo que les ha causado mucho dolor.

Si tienen un cumpleaños, o sus familiares preferidos van a visitarles, no se sienten felices; si sus mejores amigos se van de la ciudad, no están tristes; si un profesor les acusa injustamente de haber causado algún problema en el colegio, de copiar o pasar notas a escondidas, no se enfadan... Simplemente, no sienten nada en absoluto.

Durante un divorcio, e incluso durante algún tiempo después de que se haya producido, la mayoría de niños sienten un montón de emociones confusas. Las más fuertes son la **rabia** y la **tristeza**.


*Es normal experimentar todas esas emociones, o incluso no sentir nada en absoluto.* Sin embargo, el hecho de que sea normal no significa que sea bueno. Debes vencer esas emociones tan fuertes, o la falta de ellas, porque no son una forma sana o feliz de vivir. Existen varias cosas distintas que puedes hacer para ayudarte a ti mismo.

# ¿Qué está pasando con tus emociones?

### Rabia

A veces, en vez de enfrentarte a la persona con quien realmente estás furioso (en este caso, tus padres), lo pagas con alguien que no tiene nada que ver.

Quizá te pelees con tus amigos. No sabes por qué, pero de pronto estás continuamente enfadado con ellos. Te enfurecen las cosas más insignificantes y piensas que tus amigos están siendo mezquinos, injustos o desleales.

De repente tu profesor favorito también te pone de los nervios. ¿Por qué siempre te pregunta a ti? o ¿por qué no te pregunta cuando sabes la respuesta? El mundo entero es injusto:

- ☹ Las comidas del colegio son peores que nunca. ¡Qué asco!

- ☹ Mi estúpido perro hace caca diez veces más que antes y yo tengo que limpiarlo. ¡Qué peste!

- ☹ El guardia urbano deja pasar a los coches antes de que yo haya llegado a la esquina. ¡Es tan ruin!

☹ No hay ni una maldita tienda que tenga el último número de mi serie de cómic favorita. ¡No es justo!

☹ ¡El mundo entero está en mi contra! ¡El mundo entero me odia! ¡Odio a todo el mundo!

No, eso no es verdad. Es sólo que estás muy enfadado. Sin embargo, el hecho de estar furioso con tus amigos, tus profesores y otras personas que no tienen nada que ver con lo que te preocupa, no te hace ningún bien. Después de todo, esas personas no te han hecho nada. Es el divorcio de tus padres lo que realmente te preocupa.

Por otra parte, enfadarte con tus padres tampoco te ayudará. Es comprensible que estés furioso con ellos. Ya no puedes vivir con los dos a la vez. Han cambiado tu casa, toda tu vida.

Sin embargo, tus padres no se divorcian para intentar herirte. De hecho, es probable que se lo pensaran dos veces, y luego un poco más aún, antes de divorciarse, y todo por ti. Si han terminado divorciándose, a pesar de lo mucho que iba a dolerte, deben de haber considerado que realmente tenían que hacerlo.

Adelante... enfádate, pero no te enfades con ellos. En breve hablaremos de varias cosas que pueden ayudarte a sentirte mejor.

### Tristeza

En vez de rabia, o además de ella, es posible que sientas mucha tristeza. Puede que te sientas deprimido la mayor parte del tiempo. Es probable que cuando suceda algo bueno no te sientas feliz. Quizás incluso llores mucho.

Es normal. Es normal tanto si eres niña como si eres niño. Adelante, llora. Te ayudará a expulsar los malos sentimientos. De hecho, es una de las cosas que puedes hacer y que te ayudarán a sentirte mejor con el tiempo.

No te sientas obligado a llorar si no tienes ganas de hacerlo, pero si sientes que lo necesitas, deja salir las lágrimas. (Si estás en el colegio, quizá sea mejor esperar hasta que tengas algo de intimidad, en el lavabo, por ejemplo, o cuando llegues a casa. Pídele a la profesora que te deje salir de clase cuando lo necesites.)

## Tú mismo puedes ayudarte a sentirte mejor

**Golpea una almohada.** Dale golpes a una almohada con el puño o aporréala con una raqueta de tenis. Si no tienes raqueta de tenis, utiliza algo que no se rompa al golpear la almohada y que no destroce la almohada tampoco. (Por ejemplo, no uses nada que esté afilado ni nada que sea demasiado grande o que pese demasiado. Si se te escapa de las manos podrías hacerte mucho daño o romper algo.)

**Grita.** Escoge un momento en el que no haya nadie en casa (o avisa a quien esté contigo de que vas a hacer un poco de ruido). Cierra las ventanas para que los vecinos no te oigan. Incluso puedes meterte en un armario o en la cama y taparte con la manta. Luego saca al exterior toda la rabia que te has estado guardando para ti. Grítale al mundo. Incluso puedes gritarle a tus padres. Saca todo lo que tengas dentro. Si tienes ganas de llorar, gritar más o golpear el suelo con los pies, hazlo. Después de hacerlo te sentirás mucho mejor.

**Escribe tus sentimientos en un papel.** Escribe todo lo que sientas. No se trata de una redacción para el colegio, así que no tienes que escribir siguiendo un orden lógico y, por lo tanto, no es necesario que introduzcas el tema, utilices los signos de puntuación adecuados o sigas todas esas pautas que te dan los profesores. La gramática no tiene por qué ser la correcta y las faltas de ortografía no cuentan para nada. Tampoco importa cómo sea tu letra. Escribe simplemente lo que sientes. Deja que fluya.

Si quieres, puedes hacer como si te escribieras esa carta a ti mismo, o como si fuera dirigida a tu padre o a tu madre; *una carta que nunca verán*. Si estás enfadado con ellos por haberse divorciado, debes decirlo en la carta. Deja que tus sentimientos salgan al exterior. Di todo lo que quieras. Luego rompe el papel en trocitos. Nadie tiene por qué saber lo que has escrito. De hecho, es mejor que lo guardes para ti. Es algo que has escrito sólo para ti.

Además, no tiene por qué ser una carta. En realidad, no hace falta que sea nada. Ni siquiera es necesario que tenga sentido. Limítate a escribir lo que sientas.

**Abraza a tu juguete favorito.** Quizá durante algún tiempo quieras volver a dormir con tu viejo osito. ¿Tienes alguna camiseta o sudadera vieja que te gustara llevar puesta y con la que siempre te sintieras cómodo? Póntela. Quizá ya no te quede lo suficientemente bien como para llevarla puesta al colegio o tenga demasiados agujeros como para ponértela cuando juegas en la calle, pero puedes usarla mientras estés en casa. Incluso puedes usarla de pijama.

Si tu padre o tu madre te dicen algo por ponér-tela, dile que llevarla te hace sentir mejor. Puedes decir a tus padres algo como «Éste no es un momento fácil para mí y ponerme esta camiseta hace que me sienta mejor».

**Escucha tu casete o CD favorito.** Alguno de los que te gustaban antes, cuando eras más pequeño. La música ejerce un fuerte poder sobre nuestros sentimientos. Puede llegarnos muy adentro, aliviarnos y ayudarnos a sentirnos mejor.

**Ve una película triste.** Si sientes que necesitas llorar pero no eres capaz de hacerlo, ve una película que te haga llorar. Si tienes una cinta de vídeo con una película que cause ese efecto en ti, utilízala. Si no, pídele a tu madre o a tu padre que te alquile una.

No tienes que explicar el porqué si no quieres. Puedes decir simplemente que te apetece verla. Si alguien te pregunta por qué, sólo tienes que decir que la película te ayudará a sentirte mejor.

**Escribe una historia sobre un niño cuyos padres se divorcian.** Invéntate una historia e intenta escribir un final feliz realista. Claro que podrías escribir que los padres del niño vuelven a estar juntos, pero no sería demasiado realista. Sucede de vez en cuando, pero no en la mayoría de los casos. Casi todos los niños quieren que las cosas terminen siendo así, pero rara vez ocurre en la vida real.

¿No sería mucho mejor escribir sobre cómo el niño aprendió a superar el divorcio de sus padres? Luego podrías intentar que tu vida fuera igual a la del niño de la historia.

Pero si ahora mismo no tienes ganas de escribir un final feliz, no pasa nada. Escribe lo que sientas, lo que te haga sentir mejor. A veces tienes que estar triste primero para poder volver a sentirte feliz más adelante, y sientes la necesidad de escribir historias tristes.

**Dibuja.** A algunos niños les ayuda mucho dibujar cuando se sienten mal. Dibuja todo lo que quieras. (Claro que no tienes que limitarte sólo a dibujar. También puedes pintar si lo prefieres.)

**Monta una función de marionetas.** Puedes escribir un guión para la función o inventarte los diálogos mientras la representas.

Probablemente quieras que las marionetas hablen sobre el divorcio, teniendo en cuenta que eso es en lo que piensas. Aunque si sientes que tu madre o tu padre te han abandonado al marcharse de casa para vivir en otro lugar, siempre puedes hacer una representación de marionetas sobre alguien que ha sido abandonado.

Si piensas que tus padres están siendo injustos contigo al divorciarse, puedes representar una función sobre una persona que es injusta con otra.

Puedes dejar que las marionetas exterioricen tu propia situación o alguna otra situación que te la recuerde. Deja que las marionetas hablen por ti, pero sólo si tú quieres. Es tu función.

**Escribe un diario personal.** Tu diario es sólo para ti. En él puedes verter cada día tus sentimientos más profundos, sabiendo que nadie más va a verlo. Por supuesto, tendrás que guardarlo en un lugar seguro.

Confía en tu diario. Cuéntale tus sentimientos, secretos, deseos y decepciones y todo lo que quieras. Cuéntale cualquier cosa.

Los diarios no son sólo cosa de chicas. Entre algunos de los hombres más famosos que han escrito su propio diario se encuentran los célebres escritores americanos Mark Twain, Nathaniel Hawthorne y Henry David Thoreau.

**Ayuda a otros niños... y ayúdate a ti mismo escribiendo una obra de teatro.** ¿Cuáles son los peores aspectos de vivir en una familia divorciada? Seguro que una de las peores sensaciones se producen al principio, cuando tu papá (o tu mamá) se va de casa, o tú y tu mamá (o tu papá) os marcháis a vivir a otro lugar. Cuando eso sucedió, ¿no es cierto que te sentiste terriblemente mal? Y, ¿no es verdad que te sentiste como si nadie en el mundo entero pudiera haberse sentido tan mal antes? (Puede que aún ahora te sientas de ese modo, o que haga ya varios meses que tus padres se han separado.)

¿No te habría ayudado (por lo menos un poco) conocer a otros niños que ya hubieran pasado por el divorcio de sus padres? ¿No te habría ayudado saber cómo se habían sentido?

¿Por qué no escribir una obra de teatro sobre ese tema? Luego tú y tus amigos podríais representarla en el salón o en el patio de casa. Vuestro público puede ser algún otro niño que en ese momento esté viviendo las primeras etapas del divorcio de sus padres.

Cuando vea la obra, entenderá mucho mejor que todos los niños cuyos padres se divorcian sienten lo mismo. El hecho de ayudarle te hará sentir mejor. (¿Tienes miedo al público? Piensa que no es necesario que haya público. Escribir o representar la obra pueden ayudarte por sí solos a sentirte mejor.)

## Hablar con alguien que pueda ayudar

¿Aún te sientes confuso con respecto a todo esto? ¿Con quién deberías hablar? ¿Quién puede ayudarte? ¿Y cómo?

Existen muchas personas que pueden ayudarte y pueden hacerlo de formas muy distintas. Algunas pueden ayudar con sólo escucharte. Te sentirás mejor conforme vayas sacando tus sentimientos al exterior. Otros pueden ayudar a través de consejos basados en el sentido común o en su propia experiencia. Algunas personas son expertos cuyo trabajo consiste en ayudar a que la gente se sienta mejor. A continuación encontrarás una lista de personas con las que podrías hablar:

☺ **Familiares mayores que tú que sean comprensivos:** tías, tíos y abuelos, por ejemplo.

☺ **Tu profesor favorito.** Puede tratarse de tu profesor actual, un antiguo profesor, un profesor de música o de catequesis, o incluso un profesor de gimnasia con quien te sientas cómodo hablando.

☺ **Tu jefe de campamento o de colonias.**

☺ **El sacerdote de tu iglesia:** ya sea cura, rabino, chantre, ministro o pastor.

☺ **Un vecino con el que te lleves bien** y te guste hablar.

☺ **Un amigo de tus padres** con el que te lleves bien y con quien te sientas cómodo hablando.

☺ **El padre de alguno de tus amigos;** alguien que te haga sentir bien.

☺ **Otro niño que haya pasado ya por el divorcio de sus padres.** Puede ser un amigo pero no tiene por qué serlo. Un vecino, compañero de clase o cualquier otro niño, incluso aunque no le conozcas demasiado bien, puede ser de ayuda. Si él también ha pasado por la misma situación, sabrá perfectamente por lo que estás pasando y seguramente se sentirá orgulloso de poder ayudarte.

Es probable que también se sienta mal por ti. Él ha pasado por lo mismo que estás pasando tú. Sabe cómo te sientes en estos momentos y cuando dice «Sé lo mal que te sientes», lo dice de verdad. Puede que él tenga más ideas sobre otras formas de ayudarte a sentirte mejor. Después de todo, sabe lo que le funcionó a él.

☺ **Un padre o madre (que no sea el tuyo/la tuya) que se haya divorciado.** Quizás él o ella recuerde lo que ayudó a su hijo/a. (Incluso es posible que pueda hacerte entender el punto de vista de los padres y que eso te ayude a estar menos enojado con los tuyos.)

☺ **Un psicólogo o consejero.** Puedes acudir al psicólogo o consejero del colegio o a uno externo. Los psicólogos están preparados para ayudar a las personas a superar sus problemas emocionales. Enfrentarse al divorcio de tus padres es un problema muy difícil de sobrellevar y no existe razón alguna para sentirse mal por necesitar un poco de ayuda extra para controlar tus emociones si en ese momento están fuera de control.

# 5. Un montón de preguntas sobre el divorcio... y sus respuestas

*Mamá y papá no dijeron que se estaban divorciando, sino que se estaban separando, pero aun así papá se fue de casa. ¿Qué es «separarse» y en qué se diferencia del divorcio? Si se separan pueden volver a estar juntos, ¿verdad?*

Una separación puede significar varias cosas distintas. Hablemos de lo que suele ocurrir primero.

Una vez que un hombre y una mujer deciden que es mejor no seguir juntos, uno de los dos suele irse de casa. En ese momento, todavía no están divorciados, es decir, no han ido al juzgado a hablar con el juez, pero ya no viven juntos. Están separados.

Las personas suelen separarse antes de divorciarse, pero eso no significa que una pareja que se separa tenga que divorciarse. Un hombre y una mujer que no quieren seguir adelante con su matrimonio no pueden pasarse por un juzgado, encontrarse con un juez y decirle «Hemos decidido divorciarnos. Ya no queremos seguir adelante con nuestro matrimonio». No es ni tan fácil ni tan rápido.

En ocasiones, y sólo en algunos lugares, una pareja puede obtener un divorcio rápido pero, por lo general, y especialmente cuando hay niños de por medio, es algo que lleva su tiempo. El hombre y la mujer hablan con un abogado (cada uno con el suyo). Los dos abogados, el hombre y la mujer o los cuatro juntos tienen muchas cosas que decidir. Más adelante te diré cuáles son algunas de esas cosas.

La decisión final le corresponde al juez, pero primero los abogados, y el hombre y la mujer, intentarán llegar a un acuerdo. Si no se ponen de acuerdo en lo que se conoce como las «condiciones del divorcio», deberán dejarlo todo en manos del juez. Aunque si logran ponerse de acuerdo desde el principio, todo resulta mucho más sencillo. Sin embargo, las elecciones son difíciles.

## ¿Qué tipo de elecciones?

He aquí algunas de las cosas que tendrán que decidir:

☺ Si el matrimonio posee una casa, ¿quién se quedará con ella después del divorcio?

☺ ¿Quién se quedará con los muebles?

☺ ¿Quién se quedará con todas las demás cosas que pertenecen a la pareja (como, por ejemplo, el coche, los platos, el televisor o los cuadros)?

☺ ¿Le pagará el hombre a la mujer una cantidad de dinero para ayudarla a mantenerse? (A ese dinero se le llama «pensión compensatoria». Cuando la mujer gana más dinero que el hombre es ella quien le pasa a él una pensión compensatoria, pero eso no es muy habitual.)

☺ ¿Vivirán los niños con el padre o con la madre?

☺ ¿Cuándo podrá el otro miembro de la pareja ver a sus hijos? (¿Qué días? ¿Durante cuánto tiempo?)

☺ ¿Quién se quedará con los niños durante las vacaciones? ¿Lo harán por turnos?

☺ ¿Qué pensión alimenticia le pasará el padre a la madre? (Esta pensión es la cantidad de dinero que ayuda a pagar la comida, la ropa y otras cosas que los niños puedan necesitar.) Si los niños vivieran con el padre, podría ser la madre quien le pasara al padre la pensión alimenticia.

Cualquier otra cosa que la pareja deba decidir para terminar con su matrimonio y dejar claro qué es lo que pueden hacer uno y otro y con qué cosas se quedará cada uno de ellos.

Al matrimonio y sus abogados les lleva algún tiempo decidirse con respecto a las elecciones que determinarán cómo serán las cosas después del divorcio. Por otro lado, el juez tarda algún tiempo en oír su causa y tomar las decisiones finales. Además, en algunos lugares se obliga al hombre y a la mujer a vivir separados durante cierto tiempo antes de que puedan obtener el divorcio.

Cuando el juez ha tomado una decisión en cuanto al divorcio, la escribe en algunas páginas de papel que, todas juntas, reciben el nombre de «sentencia de divorcio». La «sentencia de divorcio» dice cómo va a ser el divorcio.

*¿Qué sucede si el hombre y la mujer no consiguen decidir quién pagará dinero a quién y cuánto, quién se quedará con la casa y con quién vivirán los niños?*

Entonces será el juez quien lo decida y lo escribirá todo en la sentencia de divorcio.

Incluso si el matrimonio ha llegado a algún tipo de acuerdo, es posible que el juez decida que las cosas deben hacerse de otro modo.

Puede que el juez no esté de acuerdo con la pensión alimenticia o la pensión compensatoria que la pareja haya acordado. El juez podría pensar que no es justa para uno de los dos.

El juez puede creer que los niños deberían ver a su padre o a su madre más días al mes de los acordados previamente por los padres.

Es posible que el juez le pregunte a los niños con quién quieren vivir, aunque eso no significa que sus deseos se cumplan automáticamente. Significa que el juez pensará en lo que ellos le digan.

Una vez el juez emite la sentencia de divorcio, el matrimonio está divorciado legalmente. Ahora bien, desde el momento en que uno de los dos se va de casa hasta que obtienen la sentencia de divorcio, se dice que están «separados».

## ¿Cuál es el otro tipo de separación?

El segundo tipo de separación se llama «separación de prueba». Cuando un matrimonio obtiene una separación de prueba, significa que el padre y la madre saben que no son felices viviendo juntos pero no están seguros de que quieran divorciarse.

La separación de prueba no tiene nada que ver con las pruebas que se utilizan en la sala de un tribunal cuando se acusa a alguien de un crimen. La palabra «prueba» viene del verbo «probar» y significa que el hombre y la mujer probarán a vivir separados porque todavía no saben si quieren divorciarse o no. Se separan (una separación de prueba) para ver si están mejor así que casados.

Si deciden que están mejor separados que juntos, se divorciarán. Si no, volverán juntos con la esperanza de que esta vez su matrimonio sea más feliz.

Sin embargo, la mayoría de separaciones no son separaciones de prueba, sino que se convierten en el primer paso hacia el divorcio.

*Dos de los niños de mi clase son hijos de padres divorciados, pero uno de ellos ve a su padre tres noches a la semana y el otro le ve una vez a la semana. ¿Por qué es así?*

Podrían existir muchas razones. Es probable que el padre de uno de los niños trabaje más horas que el otro y que no le quede mucho tiempo para ver a su hijo. También es posible que trabaje de noche y que sólo pueda ver a su hijo los fines de semana. Quizás él y su ex mujer no viven cerca el uno del otro. Uno de los dos podría haberse ido a vivir a otra ciudad tras el divorcio. Es posible que esa ciudad no esté muy lejos pero que aun así no esté lo suficientemente cerca como para conducir hasta allí los días de diario. Quizá viva demasiado lejos de su hijo como para verle más de una vez por semana.

*¿Qué pasa si mamá y yo nos vamos a vivir a una ciudad, lejos de donde vivimos ahora?*

Todo lo que te he explicado antes sigue siendo válido sólo que en este caso eres tú, y no tu padre, quien se va a vivir a otro lugar. A pesar de ello, continuarías visitándole. Seguramente pasarás más tiempo con él durante las vacaciones a modo de compensación. Es probable que te quedes con él en Navidad o Semana Santa (posiblemente en ambos casos) y que pases buena parte de las vacaciones de verano con él.

*Los padres de mi amigo están divorciados. Después del divorcio, su mamá se cambió el apellido.[1] ¿Hará mi mamá lo mismo?*

Algunas mujeres se cambian el apellido cuando se divorcian y, por lo general, vuelven a utilizar su ape-

---

1. En España las mujeres cuando se casan ya no cambian sus apellidos por los del marido, por lo que no recuperan sus apellidos de soltera cuando se divorcian. *(N. de la T.)*

llido de soltera. (El «apellido de soltera» de una mujer es el apellido que tenía cuando nació. El «apellido de casada» es el apellido de su marido. La mayoría de mujeres, aunque no todas, cambian su apellido por el de su marido cuando se casan y algunas vuelven a utilizar su apellido de soltera cuando se divorcian.) Muy pocas mujeres cambian su apellido por otro completamente distinto cuando se divorcian.

Si te disgusta que tu madre se cambie el apellido, habla con ella. Es posible que ni siquiera lo haya pensado, aunque si pretende hacerlo, y tú no quieres, puede que te escuche. Vale la pena hablar de ello. Empieza por preguntarle si piensa cambiarse el apellido algún día.

*Si se cambia el apellido, su apellido no será el mismo que el mío. ¿Significa eso que ya no somos una familia?*

Ser una familia tiene que ver con el amor y no con los apellidos. Tu madre todavía te quiere, tanto si su apellido es el mismo que el tuyo como si no lo es. Tu padre también te quiere. Aunque vuestros apellidos fueran diferentes, ellos seguirán queriéndote igual.

*¿El hecho de que mi madre se cambie el apellido significa que yo también puedo cambiarme el mío?*

Eso depende de tu mamá, tu papá, los abogados y el juez. (Otro juez, o el mismo que lleva el divorcio.) Cuando una persona se cambia el apellido debe contar con la aprobación de un juez. El juez que está al cargo de un caso de divorcio puede ocuparse también de tu cambio de apellido... si tus padres y sus abogados lo aprueban.

*¿Por qué no iban a aprobarlo los abogados?*

Tu padre y su abogado podrían querer que conservaras el apellido de tu padre. Podrían hacer que fuera una de las cosas que se especificaran en la sentencia de divorcio. El juez podría escribir en ella que tu madre no puede cambiar tu apellido.

*¿Y cuando crezca? ¿Podría cambiarlo entonces?*

Claro. Cuando seas un adulto, si todavía quieres hacerlo, podrás cambiarte el apellido.

*Mamá y papá solían decir que nunca se divor-*
*ciarían. ¿Por qué lo decían si no era verdad?*

Es posible que no estuvieran intentando esconderte
nada, sino que ni siquiera ellos mismos supieran que
las cosas iban a terminar siendo así. A veces a las personas les resulta muy difícil reconocer (incluso frente
a su propia familia) que no saben lo que sucederá en
el futuro, así que hacen ver que todo va bien. Tal vez
pensaron que la situación mejoraría algún día. Puede
que ahora no te parezca justo pero muy probablemente, casi seguro, no querían que te preocuparas.

*¿Por qué tienen mis padres que divorciarse*
*justo ahora? Últimamente todo me asusta*
*más. ¿No podrían esperar un poco? ¡Ya ten-*
*go bastantes problemas como para que*
*ellos vayan y se divorcien!*

Es probable que a causa del divorcio todo te asuste
más que antes. Piensa tan sólo un poquito. ¿Cuándo
empezó a asustarte más todo? ¿Fue por la época en
que tus padres te dijeron que iban a divorciarse? ¿Fue
quizá cuando empezaste a oírles discutir más que de

costumbre? ¿Cuándo te diste cuenta de que en tu casa el ambiente era más tenso?

Muchas veces los niños notan que algo va mal sin ni siquiera darse cuenta de que lo saben: mamá y papá discuten más; papá está más frío con mamá y le contesta con monosílabos; mamá es muy poco atenta con papá. Aparentemente los niños no piensan en esas cosas, pero en el fondo sienten que algo no va del todo bien.

*¡Pero si nunca les he oído discutir!*

Incluso aunque mamá y papá no hayan discutido nunca delante de sus hijos, éstos pueden notar la tensión existente en sus voces. Los niños no oyen en las voces de sus padres el amor que solían oír antes, y saben que cuando hablan no lo hacen en un tono demasiado amistoso. Aunque los niños no piensen en ello, de algún modo son conscientes de que alguna cosa va mal.

El divorcio suele afectar a los niños en mayor o menor medida, pero es importante saber que también lo hacen las tensiones que se generan en casa antes del divorcio, y una de las cosas que los niños acostumbran a notar a partir de este momento es que se asustan con más facilidad.

*De día no tengo miedo, pero últimamente por las noches tengo muchas pesadillas. ¿Es a causa del divorcio?*

Las pesadillas son sólo otra manera de sentir miedo. Algunos niños se asustan cuando están despiertos. A otros, el miedo les llega cuando duermen, en forma de pesadillas. Probablemente empezarás a estar menos asustado dentro de unos meses, o quizá dejes de sentir miedo por completo. Hablar de tus sentimientos con alguien en quien confías, como tu papá o tu mamá (o quizá tu abuelo u otro familiar, si en estos momentos no te sientes cómodo hablando de ello con tus padres), puede ayudarte mucho.

En algunos niños el miedo se manifiesta de forma distinta. Algunos, por ejemplo, que no se habían hecho pis en la cama desde que tenían dos o tres años, vuelven a hacerlo de pronto, incluso a la edad de nueve o diez años. Sin embargo, no hay razón para sentirse avergonzado. Se trata únicamente de otra forma de exteriorizar su miedo.

Un divorcio es algo muy triste, pero...

LO SUPERARÁS.

# 6. Las visitas a papá o a mamá

La primera vez que visites a tu padre todo te parecerá extraño. (Claro que si vives con tu padre, a quien visitarás será a tu madre. Pongamos que, por el momento, vives con tu madre. Es más habitual.)

¿Por qué te va a parecer extraño? Existen muchas razones para ello:

☺ **El simple hecho de «visitar a papá» te va a parecer raro.** ¡Papá no es alguien a quien vayas a visitar! Tu casa es el lugar donde vive papá, el lugar al que pertenece o, por lo menos, así es como han sido siempre las cosas hasta ahora.

☺ **Puede que te preocupe dejar a mamá sola.** Si alguna vez tienes miedo de que mamá o papá se sienta solo/a o triste cuando tú no estás, siempre puedes planear llamarle/a una o dos veces mientras estás fuera. Es probable que os echéis de menos el uno al otro (es normal), pero recuerda que tus padres son personas adultas y que, aunque te preocupes por ellos, no es labor tuya cuidarles. (Además, es posible que tu papá o tu mamá disfruten estando solos o con sus amigos durante un rato.)

☺ **Tu papá vivirá en un lugar nuevo**. Podría tratarse de una casa o un piso nuevo en el que viva solo, o que comparta con alguien. Incluso podría irse a vivir con sus padres, un hermano o cualquier otro familiar. Aunque probablemente se trate de un lugar nuevo en el que nunca hayas estado.

☺ **Seguramente tu padre se haya comprado muebles nuevos**. Tú los mirarás y dirás «Ése no es el armario de papá. Ésa no es la mesa de papá».

☺ **Por otro lado, es posible que algunos de los muebles de tu casa estén ahora en la nueva casa de papá**. Te parecerá extraño ver la mesa de trabajo de papá en esa casa desconocida, o la silla de papá en ese piso nuevo.

☺ **Al principio puede suceder que tu padre y tú no sepáis qué deciros.** Debido a que se te hace raro visitarle y que lo único que tienes en mente ahora mismo es «¿Por qué tenéis que divorciaros mamá y tú?», puede ocurrir que no sepas qué decir cuando tu padre te pregunte algo como «¿Qué cosas nuevas te han pasado desde la última vez que te vi?».

\* \* \*

*El padre y la madre de Jennifer se divorciaron y su padre se mudó a un piso al otro lado de la ciudad. No se vieron durante dos semanas, pero un día la madre de Jennifer le dijo que su padre vendría a buscarla el sábado para que pasara el fin de semana con él en su nuevo piso.*

*Jennifer estaba muy emocionada, al igual que su padre. Ambos se echaban de menos y querían verse. Durante aquellas dos semanas habían hablado únicamente por teléfono, y no todos los días.*

*Sin embargo, el día no tuvo un buen comienzo. Para empezar, Jennifer soñó despierta; una fantasía con la que se había recreado una y otra vez durante toda la semana. En su fantasía su padre entraba por la puerta, miraba a su madre y la besaba como siem-*

pre lo había hecho. Los dos empezaban a hablar y, antes de que pudieran darse cuenta, llegaban a la conclusión de que lo del divorcio había sido un terrible error. Luego el padre de Jennifer regresaba a casa y todo volvía a la normalidad.

No fue así. Cuando el padre de Jennifer llegó a la casa, fue amable con su madre, pero actuó como si no estuviera feliz de estar allí. No se portó mal con la madre de Jennifer, pero tampoco fue agradable, simpático o cariñoso.

Su mamá tampoco fue agradable y simpática. Sólo se limitó a ser educada. No le ofreció un vaso de soda ni una taza de café. Ni siquiera le invitó a pasar y sentarse un rato. No le dio un beso de bienvenida y el modo en que le preguntó a Jennifer si había terminado de preparar la bolsa y estaba ya lista daba a entender que estaba ansiosa por ver a Jennifer y a su padre salir por la puerta.

Jennifer no sabía con cuál de sus padres se sentía menos a gusto. Si no empezaban a ser más agradables el uno con el otro, las cosas nunca serían como Jennifer las había imaginado.

El padre de Jennifer estaba tan contento de salir de aquella casa lo antes posible como lo estaba su madre de que se marchara de allí. Los padres de Jennifer casi no se dirigieron la palabra. ¿Qué les sucedía? ¿¡Por qué no hablaban!?

Cuando salieron de la casa, Jennifer se quedó del revés. Ya nada iba bien en el mundo. De camino a casa de su padre, Jennifer y él no hablaron demasiado.

Nada más llegar, éste le preguntó:

—¿Quieres comer algo?

Pero el padre de Jennifer no tenía ni patatas fritas ni macarrones, y tampoco pizza de queso o salchichas.

Le ofreció a Jennifer un trozo de queso con una pinta un poco extraña, pero olía raro y ésta hizo una mueca. También encontró un poco de pavo ahumado en la nevera, pero Jennifer tampoco quiso comérselo. Con sólo oír el nombre se le revolvió el estómago.

Al final el padre de Jennifer encontró una lata de sopa de tomate. A Jennifer no le disgustaba, aunque tampoco le encantaba. Con todo, aceptó comérsela pero le pareció que el día empeoraba por momentos.

Jennifer recorrió el piso nuevo con la mirada y vio el cuenco de barro que ella misma había hecho cuando iba a la guardería. Su padre lo utilizaba para guardar clips. Estaba encima de la nueva cajonera. ¡Quedaba tan mal allí! Aquel cuenco debía estar en casa, ¡sobre la verdadera cajonera de su padre!

Cuando volvió al salón, su padre estaba sentado en una silla. Sin embargo, no era la silla de casa en la que su padre solía sentarse. Aquella silla todavía seguía allí, ¡y parecía tan vacía sin él! El padre de Jennifer estaba sentado en su nueva silla y aquello tampoco le pareció bien. Jennifer se sintió más confusa que nunca.

—Puedes comer en aquella mesa —dijo el padre de Jennifer.

Jennifer vio que su padre había colocado un plato de sopa sobre la mesa que estaba situada en una de las esquinas del salón. En casa sólo se le permitía comer en la cocina o en el comedor, y cuando su madre la dejaba comer en el salón era como una especie de premio. Ahora, sin embargo, aquello la hacía sentirse aún más confusa.

Mientras comía, su padre le dijo:

—Hablemos un poco. Cuéntame todas las cosas nuevas que te han sucedido desde que nos vimos por última vez.

Por alguna razón a Jennifer no se le ocurría nada.

—Nada —contestó, mientras le daba golpecitos a la mesa con el pie.

—Algo ha debido de pasar en las dos semanas que no te he visto —dijo su padre.

Lo más importante que le había pasado a Jennifer en las últimas dos semanas era que su padre se había marchado de casa, ¡pero pensó que no tenía por qué decírselo! Él ya sabía que se estaba divorciando de su madre.

—Venga. Cuéntame algo —le dijo su padre.

Pero a Jennifer no se le ocurría nada más.

—¿Qué tal te va en el colegio? —le preguntó su padre.

A Jennifer le solía gustar hablar del colegio. Cuando su padre vivía con ella, Jennifer pensaba en todas las cosas nuevas que habían sucedido en el colegio y que quería compartir con él. Ahora, sin embargo, él le estaba pidiendo que se sentara allí y le contara cosas a pesar de que no había nada en particular de lo que quisiera hablar.

—No se me ocurre nada —contestó.

Él la miró. Ella le miró a él, pero su mente estaba en blanco. No se le ocurría nada nuevo que contarle y cuanto más se miraban, más extraña se sentía.

Finalmente su padre empezó a hacerle preguntas específicas como qué era lo que había aprendido en la clase de ciencias aquella semana, si había tenido que aprenderse alguna melodía nueva interesante para la banda de música del colegio o si podía poner en práctica la nueva manera de bajar de la barra de equilibrios que había estado trabajando en la clase de gimnasia.

Jennifer sintió que la estaba bombardeando a preguntas. ¿Por qué la estaba interrogando?

—¡Déjalo ya! —gritó.

Inmediatamente se sintió culpable por haberle gritado a su padre, pero no se disculpó. Estaba convencida de que su padre se merecía que ella fuera mezquina con él. Era culpa suya por hacerle tantas preguntas.

Todo era culpa suya. Si no se hubiera marchado de casa, ella no estaría sentada en ese extraño lugar, intentando pensar en algo que decir y sintiéndose incómoda en compañía de su propio padre.

—¿Qué vamos a hacer esta tarde? —preguntó finalmente Jennifer.

—Pensaba que simplemente íbamos a pasar la tarde juntos —contestó su padre.

—Sí, pero ¿qué vamos a hacer? —repitió Jennifer.

—Yo... había pensado que íbamos a hablar, a ponernos al día de lo que había sucedido en estas dos últimas semanas —respondió su padre.

A Jennifer le dieron ganas de poner los ojos en blanco, pero sabía que si lo hacía se iba a meter en problemas. Era obvio que los planes de su padre no iban a funcionar.

La madre de Jennifer le había sugerido a su hija que se llevara el parchís y un libro para leer.

Jennifer y su padre jugaron dos partidas al parchís pero luego los dos se cansaron de jugar. A Jennifer no le gustaba leer así que encendió el televisor.

—Pensé que íbamos a charlar —dijo su padre. ¡Hacía dos semanas que no nos veíamos!

—Bueno, ¿qué quieres hacer entonces? —preguntó Jennifer.

Sin embargo, a su padre no se le ocurría nada en particular. Cuando vivían todos juntos, los dos podrían haber salido al jardín y arreglarlo juntos, pero allí no había jardín. También podrían haber ido a visitar a su vecina, la señora Crawford, y a su perro, pero el padre de Jennifer todavía no conocía a ninguno de sus nuevos vecinos. Podrían haberse subido a la casa del árbol, pero allí no había ninguna, o haberse quedado en el cuarto de Jennifer haciendo colages, pero Jennifer no tenía una habitación propia en aquella casa y tampoco había revistas para recortar.

Jennifer pasó la noche en casa de su padre. Él le enseñó cómo el sofá nuevo que había comprado se convertía en una cama y le dijo que era sólo para ella, pero Jennifer no se sentía muy cómoda en él. Deseó estar de vuelta en casa, donde todo era más normal, y le costó mucho quedarse dormida.

El domingo por la mañana, el padre de Jennifer preparó un buen desayuno con tostadas. A Jennifer le gustaron mucho las tostadas y el beicon y su padre vio los programas de dibujos animados de la tele con ella.

Luego fueron al zoo. A Jennifer también le gustó y al final empezó a relajarse.

Mientras estaban en el zoo, todo empezó a parecer normal. Ya habían estado muchas veces allí. A veces habían ido con mamá y otras, los dos solos. Estar en el zoo con su padre hizo que se sintiera bien. Era algo que le resultaba familiar, en lugar de parecerle extraño.

Al rato empezó a llover.

—Es mejor que volvamos a casa —dijo el padre de Jennifer.

Al principio, al oír la palabra «casa», Jennifer se sintió feliz, pero luego se dio cuenta de que cuando su padre había dicho «casa» se refería a su nuevo piso y se sintió engañada. ¡Aquello no era su casa! ¡Ni era su casa, ni tampoco quería que lo fuera!

Sin embargo, hicieron palomitas y jugaron al Monopoly. Jennifer ganó la partida y se puso muy contenta. Las palomitas estaban muy buenas.

De pronto se dieron cuenta de que ya eran las cinco y media de la tarde.

—Es mejor que te lleve a casa —dijo el padre de Jennifer.

Justo cuando estaba empezando a sentirse cómoda en el nuevo piso de su padre, ¡él iba y la llevaba de vuelta a casa! Jennifer volvió a sentirse engañada.

*Al llegar a casa, le sorprendió descubrir que allí prácticamente se sentía fuera de lugar. Su madre le preguntó si había pasado un buen fin de semana, pero Jennifer sólo quería irse a su habitación, poner música y jugar con sus juguetes. No tenía ganas de responder preguntas. Volver a casa fue una sensación tan extraña como ir a casa de su padre y a Jennifer no le gustó nada.*

*Sin embargo, una hora después de llegar a su habitación, Jennifer volvió a sentirse como de costumbre.*

*Dos semanas más tarde, cuando volvió a casa de su padre, no se sintió tan rara. Todavía no podía decir que aquel lugar fuera «su casa», pero no se sintió como si estuviera fuera de lugar.*

*Y cuando su padre le preguntó si tenía algo nuevo que contarle, a Jennifer se le ocurrieron algunas cosas.*

A veces los padres están tan inmersos en los problemas que les causa el divorcio que olvidan que para sus hijos es también una situación difícil. Lo mismo sucede con los hijos: a veces los niños están tan preocupados por lo mal que se sienten frente al divorcio de sus padres que olvidan que ellos, sus padres, también están pasando por un momento difícil.

*Pero mamá y papá eran los que querían divorciarse. Yo nunca pedí que lo hicieran, así que tienen que estar contentos con su decisión. Yo, desde luego, no lo estoy.*

A veces sabes qué es lo mejor que debes hacer, pero aun así tomar ese tipo de decisiones no te hace feliz. Puede que tu mamá y tu papá decidieran que era mejor divorciarse, pero eso no significa necesariamente que estén contentos de haberlo hecho. Si antes se peleaban, o simplemente no se llevaban bien, puede que ahora todo se haya calmado, o sea más fácil, pero a pesar de ello es probable que sigan sintiéndose solos.

Puede que ahora tus padres tengan más problemas de dinero que antes y que estén preocupados. Criar a un hijo solo no es tan fácil como cuando cuentas con la ayuda de tu mujer o tu marido. Por otro lado, es menos agradable recibir las visitas de tu hijo que vivir con él.

Ahora muchas cosas son distintas a como lo eran antes. ¿No te resulta un poco difícil acostumbrarte a todos esos cambios? Pues a tus padres les sucede lo mismo, así que intenta ser tolerante con ellos. Éste es un momento difícil para todos. Eso no significa, sin embargo, que debas ocultar tus sentimientos, o comportarte como alguien que no eres. Significa, simplemente, que es bueno intentar entender cómo se sienten las personas que te importan, y no ser demasiado duro con ellas.

Y cuando vayas a visitar a tu padre (o a tu madre si ahora vives con tu padre), recuerda que él (o ella) se siente tan incómodo con la situación como tú.

El tipo de cosas que probablemente preocupan a tu padre (o a tu madre) son:

☺ ¿Estarás cómodo cuando vengas a mi nueva casa?

☺ ¿Cómo puedo hacer que aquí te sientas como en casa?

☺ ¿Cómo vamos a pasar un fin de semana entero sin que te aburras?

☺ ¿Podré preparar los platos que te gustan?

☺ ¿Sigues enfadado conmigo por lo del divorcio?

Cosas que puedes hacer para que las visitas de los fines de semana te resulten más fáciles de sobrellevar:

☺ **Llévate juguetes, juegos y libros de casa.** Lleva tanto cosas que puedas hacer solo y con las que te diviertas, como cosas en las que pueda participar tu padre (o tu madre, dependiendo de a quién visites).

☺ **Llévate objetos que te resulten familiares y que te hagan sentir más cómodo,** como tu almohada, tu peluche favorito, una cinta de casete o un CD. Volverás a llevarte a casa la mayoría de las cosas, pero lleva también algo que puedas dejar en la nueva casa de tu padre (o madre). Todo lo que dejes allí hará que la casa te resulte más familiar cuando vuelvas, y te mantendrá ocupado mientras estés en ella.

☺ **Haz una lista de cosas interesantes y emocionantes, o simplemente cosas importantes que te hayan ocurrido entre una visita y otra.** Tu lista puede ser muy simple:

- ✔ Me he peleado con Lee.
- ✔ He sacado un sobresaliente en el examen de ortografía.
- ✔ He entrado en el coro del colegio.
- ✔ Hay un niño nuevo en mi clase.

- ✓ He ayudado a mamá a preparar un pastel.
- ✓ He ganado la medalla de los Boy Scouts.

No necesitas escribir los detalles porque te acordarás de casi todo. Sin embargo, cuando tu padre te pregunte «¿Qué cosas nuevas te han sucedido desde que te vi por última vez?», la lista te ayudará a recordar todo lo que puedes contarle. En vez de contestar «Nada», tendrás algo que responder. No siempre es fácil poner al día a tu padre sobre todo lo que te ha ido pasando, especialmente cuando sientes que no tienes ganas de hablar de ello, pero la lista te ayudará.

☺ **Intenta escribir un diario.** No sólo es una buena forma de exteriorizar tus sentimientos, sino que también te ayudará a registrar todo lo que sucede en tu vida. Siempre podrás volver atrás y recordarte a ti mismo que todavía quieres hablar de algún tema en particular con tu padre o tu madre. Recuerda que lo que escribas es sólo para ti.

☺ **Pregúntale a tu padre si puedes invitar a alguno de tus amigos a que vaya a verte**

**mientras estés en su casa.** A veces, tener a un amigo cerca hace que todo parezca más normal, pero recuerda que tu padre no te ha visto desde tu última visita y que quiere pasar algún tiempo contigo. Si recibes la visita de alguno de tus amigos, no dejes a un lado a tu padre. No te pases todo el fin de semana ignorándole. Siempre podéis hacer algo todos juntos.

☹ **Por otro lado, tu padre y tú no tenéis por qué estar juntos en todo momento,** tanto si recibes la visita de alguno de tus amigos, como si no. Ambos necesitáis tiempo para vosotros mismos.

*¿Por qué siempre cambian las normas?*

He aquí algo que debes saber: puede ser que en casa de tu padre las normas sean unas y en casa de tu madre sean otras. Te llevará algún tiempo acostumbrarte y en alguna ocasión es posible que te equivoques (al igual que le sucederá a tus padres). No esperes que tu padre esté de acuerdo con las normas de tu madre o viceversa. Puedes pedir que te den los mismos privilegios en ambas casas, pero aunque te quejes de las normas es poco probable que les convenzas de que las cambien.

* * *

*Jason vive con su padre pero visita a su madre todos los sábados. La primera vez que durmió en casa de su madre, ésta le obligó a acostarse a las nueve, al igual que su padre. No obstante, unos meses más tarde su madre decidió que ya era lo suficientemente mayor como para quedarse levantado hasta las nueve y media.*

*Cuando Jasón volvió a casa de su padre, dijo:*

*—Mamá me deja quedarme levantado hasta las nueve y media y quiero que tú también me dejes, ¿vale?*

*—No, no vale —contestó su padre—. Creo que irte a la cama a las nueve y media es demasiado tarde. Si tu madre permite que te quedes levantado hasta tarde, es asunto suyo, pero en mi casa continuarás acostándote a las nueve hasta que seas más mayor.*

*—¡No es justo! —dijo Jason, enfadado—. ¡Debería poder quedarme levantado hasta las nueve y media, como en casa de mamá!*

*—Vigila cómo dices las cosas, o te castigo a irte a tu habitación —dijo el padre de Jason.*

*—Tú no me quieres como me quiere mamá —respondió Jason—, y la quiero más a ella que a ti.*

Entendemos por qué Jason estaba molesto y enfadado, pero lo que le dijo a su padre le hizo mucho daño. Él sabía en su interior que el hecho de que en casa de su madre gozara de más privilegios no significaba que ella le quisiera más que su padre. Además, él no quería más a su madre que a su padre. Lo que pasaba es que en ese momento estaba furioso con su padre.

¿Qué podría haber hecho Jason en lugar de atacar a su padre? Podría haberse tomado los privilegios extra que tenía en casa de su madre como una forma de premiarle: «¡Qué bien! ¡En casa de mamá puedo quedarme levantado hasta tarde!». Ésa es una forma de ver el lado positivo de las cosas y habría hecho que Jason se sintiera mucho mejor. Podría haberle dicho a su padre, sin necesidad de gritar, que no le gustaba tener que acostarse a las nueve y también podría haberle preguntado cómo de mayor tenía que ser para acostarse a las nueve y media. De ese modo habría tenido algo que esperar con impaciencia de cara al futuro. Hablar las cosas con su padre, en vez de discutir con él, les habría ayudado a ambos a sentirse mejor. ¿No crees que Jason se habría sentido mucho más feliz que pensando que su padre no es tan bueno con él como su madre?

* * *

*Cuando va a casa de su padre, Caitlin tiene que salir a tirar la basura después de cenar. Es lo único que su padre espera que haga, pero como sólo va a casa de su padre dos veces por semana, suele olvidarse de hacerlo. En casa de su madre tiene que hacer otras cosas, pero como ella no le pide que saque la basura, Caitlin no siempre se acuerda de que en casa de su padre sí tiene que sacarla.*

*Un miércoles por la noche, en casa de su padre, Caitlin volvió a olvidarse de sacar la basura. Caitlin ya se había olvidado de hacerlo el sábado anterior y su padre se enfadó con ella.*

*—¿Por qué no puedes acordarte nunca de sacar la basura? —le recriminó su padre—. No creo que sea pedir demasiado. ¡Sólo te pido que hagas eso!, pero tú sigues sin hacer caso. No debería tener que pedírtelo cada vez que vienes.*

*Caitlin empezó a sollozar.*

—¿Por qué no me dejas fregar los platos en su lugar, como hago en casa? —preguntó—. También podría ayudarte a lavar la ropa. A mamá la ayudo a lavarla.

—¿Por qué te causa tantos problemas sacar la basura? —preguntó el padre de Caitlin—. Una simple tarea. Sólo una —añadió, y salió de la habitación antes de que ella tuviera tiempo de contestar.

El padre de Caitlin la dejó sintiéndose molesta y herida, y sus pequeños sollozos se convirtieron en lagrimones.

\* \* \*

Tanto Caitlin como su padre estaban algo equivocados, pero también tenían mucha razón. El padre de Caitlin solía utilizar platos de plástico. Además, tenía lavavajillas y lo utilizaba mucho, así que en realidad no necesitaba que ella le ayudara a lavar los platos. Por otro lado, había contratado un servicio de limpieza que iba a limpiarle la casa todas las semanas y le lavaba la ropa, así que tampoco necesitaba que Caitlin se la lavara. Sin embargo, sacar la basura era algo que debía hacerse todas las noches. Además, la parte más importante de ayudar a alguien consiste en colaborar en lo que esa persona necesita que la ayudemos a hacer, y no en lo que nos resulta fácil o conveniente.

Es justo que el padre de Caitlin le pidiera que sacara la basura, pero también es comprensible que ella lo olvidara.

Caitlin no se niega a sacar la basura, sino que sólo necesita que se lo recuerden.

Por otro lado, hace ya tres meses que el padre y la madre de Caitlin viven separados. Caitlin debería acordarse de sacar la basura sin necesidad de que se lo recuerden. Sin embargo, también es verdad que a su padre no le cuesta nada recordárselo.

*¿De qué otro modo podría haber actuado Caitlin?*

Entendemos por qué se echó a llorar. Caitlin sintió que su padre estaba siendo injusto con ella. Ella no se había negado a sacar la basura, sino que simplemente no se había acordado de hacerlo.

Caitlin podría haberle dicho a su padre que no le importaba sacar la basura y que sólo necesitaba que se lo recordara. De ese modo el padre de Caitlin habría entendido mejor que ella estaba dispuesta a ayudar y que su único problema es que era algo olvidadiza.

*¿Qué podría haber hecho el padre de Caitlin*
*para ayudarla a recordar lo que debía hacer?*

Recordarle cada vez que va a su casa, durante un mes más o menos, que debe sacar la basura hasta que ella se acostumbre a hacerlo. Luego podría preguntarle si está lista para acordarse de sacarla sin necesidad de que se lo recuerden.

Dejarle una nota en algún lugar de la casa. Si ella, por ejemplo, se toma un vaso de leche todas las noches, su padre podría dejarle una nota en la puerta de la nevera, o en la pantalla de la televisión, si acostumbra a verla después de cenar.

Inventarse un juego que consistiera en sacar la basura y dejar notas en los lugares más insospechados, colocar veinticinco céntimos bajo el cubo de la basura, dejar un mensaje en el contestador, meter el cubo de la basura en su habitación, o componer una canción sobre la basura. De ese modo ella probablemente lo recordaría.

Si al padre de Caitlin no se le ocurren más formas de recordarle a su hija que debe sacar la basura, ella podría sugerirle algunas, o pedirle que lleven a cabo una «reunión creativa» en la que juntos podrían pensar en alguna que otra buena alternativa. (Una reunión creativa es aquella en que las personas se reúnen y piensan en miles y miles de ideas que pueden resultar estúpidas o absurdas o ser muy buenas, aunque eso no importa demasiado. Generalmente, algunas de esas ideas acaban funcionando. Puede ser divertido y es una buena manera de proponer soluciones que satisfagan a todos.)

Cuando tus padres no viven juntos, las normas entre una casa y otra pueden ser diferentes. Tu padre, por ejemplo, te permite hacer algo que tu madre no te deja hacer, o tu madre te pide que ayudes en algo que tu padre nunca te ha pedido. Eso, sin embargo, no significa que uno tenga la razón y el otro esté equivocado.

A veces puede ocurrir que tu padre (o tu madre) te pida algo que tú piensas que es demasiado difícil para tu edad. Si eso sucede, siempre puedes sentarte con él e intentar arreglarlo hablando. Explícale que piensas que no eres lo suficientemente mayor, o lo suficientemente alto o fuerte, o cualquiera que sea la causa que crees que te impedirá hacer lo que te ha pedido.

Sin embargo, la mayoría de las veces no hay nada malo en que ellos esperen cosas diferentes de ti. Sólo se trata de un padre y una madre diferentes cuyas normas también son diferentes. (Seguro que cuando vas a casa de tus amigos también tienes que aprender normas nuevas.) Puede que uno te otorgue un privilegio que el otro no te otorga y que este último te dé responsabilidades que el primero no te da. Ninguno de los dos tiene la razón ni deja de tenerla. Tan sólo son diferentes.

No compares a uno con el otro. No digas «Pero papá me deja...» o «Pero mamá no me obliga a...» porque sólo conseguirías irritarles y ten por seguro que eso no te ayudaría a obtener lo que quieres. Tómate los privilegios que tienes en casa de uno como si fueran premios. Si realmente tienes problemas para acordarte de las diferentes normas en una casa y otra, pide ayuda. Y si piensas que uno de los dos es injusto, habla tranquilamente con él o con ella.

Siempre habrá cosas que te gustarán más en una casa que en la otra. Por ejemplo:

Cuando papá prepara pollo para comer, siempre le queda seco y poco sabroso. El pollo rustido de mamá es uno de tus platos favoritos. Sin embargo, papá prepara unas pizzas caseras que son mucho mejores que las pizzas que compra mamá... y te deja que le ayudes a hacerlas.

Cuando hace buen tiempo, papá te deja dormir en el balcón. Mamá no te permite acampar en el jardín pero, sin embargo, te lleva a la pista de hielo y patina contigo, mientras que papá nunca te lleva a patinar.

Por la mañana papá sale contigo a comprar donuts. Mamá dice que no son buenos para ti y no te los compra, pero ella te deja que meriendes cuando vuelves del colegio mientras que papá dice que no puedes porque te quita el hambre y luego no cenas.

Cuando vas a su casa por la noche entre semana, papá insiste en que hagas todos los deberes antes de cenar. Mamá, sin embargo, te deja jugar durante media hora antes de hacerlos. No obstante, mamá te asigna una tarea cada semana para que ayudes en casa y esa tarea ocupa una hora de tu tiempo. Papá no lo hace nunca.

Todo esto no significa que uno de los dos sea mejor que el otro, sino que indica que son dos personas diferentes que tienen normas distintas. No te opongas.

*Pero, ¿por qué no pueden tratarme del mismo modo?*

\* \* \*

El padre y la madre de Melissa se habían divorciado y el padre había alquilado una casa no muy lejos de donde vivían Melissa y su madre. Todos los jueves y viernes, Melissa iba a casa de su padre.

El padre de Melissa no la dejaba ver uno de sus programas de televisión favoritos. Él pensaba que no era apropiado para una niña de su edad. Además, le pedía que recogiera los platos de la cena después de que él los hubiera fregado.

A Melissa le molestaba perderse su programa favorito, pero sabía que diciéndole «Mamá siempre me deja verlo» no conseguiría que su padre le diera permiso. Intentó implorar y suplicar, pero eso tampoco funcionó. Luego intentó hablar tranquilamente con él, pero su padre se mantuvo firme. Estaba convencido de que aquel programa no era bueno para Melissa.

Al final Melissa dejó de insistir. No estaba contenta, pero sabía que no tenía nada que hacer. Seis meses más tarde le diría a su padre «Ahora soy seis meses mayor. ¿piensas dejarme ver ese programa?».

Es posible que le deje verlo, aunque también puede que no lo haga. Aun así vale la pena intentarlo. Si él todavía sigue diciendo que no, ella sabe que puede volver a preguntárselo seis meses más tarde. Mientras no monte una escena al pedírselo, seguro que a su padre no le importará que vuelva a sacar el tema al cabo de seis meses.

En cuanto a los platos, la situación era muy diferente. Melissa tenía una buena razón para no querer recoger los platos. En su casa, los armarios estaban un poco más bajos. En casa de su padre, sin embargo, tenía problemas para llegar hasta el estante donde se colocaban los vasos.

—Papá, no alcanzo a colocarlos —le explicó—. Y, por otra parte, tengo miedo de que se me caiga algún vaso si me estiro para intentar llegar hasta el estante donde debo ponerlos.

Melissa preguntó si podía cambiar esa tarea por otra. ¿Le asignaría su padre otra tarea? ¿Una que ella fuera capaz de hacer?

En su lugar, el padre de Melissa trajo un taburete. Melissa podía subirse al taburete con cuidado para colocar los vasos en el armario. De ese modo Melissa ya no se sentía incómoda y no tenía miedo de dejar caer algún vaso.

Melissa no dijo «Mamá no me hace colocar los platos». Tenía una buena razón para no querer llevar a cabo esa tarea, pero cuando se lo explicó a su padre, éste encontró la manera de solucionar el problema.

\* \* \*

Las normas van a ser distintas de una casa a otra. «Mamá no me obliga» o «Papá me deja» no son una buena razón para pedir que esas normas se cambien. No obstante, si tienes una razón para cuestionar una de ellas, díselo a tu padre (o a tu madre) con tranquilidad y honestidad. No gimotees ni grites. Y si no tienes una buena razón para hacerlo, acostúmbrate al hecho de que las normas van a cambiar de una casa a otra.

# 7. Cómo permanecer «cerca» de padres que están lejos

A veces tras un divorcio, uno de los padres se va a vivir lejos. En ocasiones eso se debe a que ha encontrado un trabajo mejor fuera de la ciudad. En otras, la persona que se divorcia decide volver a su ciudad natal (donde creció) o al lugar donde viven sus amigos o su familia.

Si el hombre o la mujer tiene hijos que criar sin la ayuda de la esposa o del marido, mudarse a una casa cerca de donde vive su familia puede ser de mucha ayuda. Irse a vivir cerca de su madre o su padre significa que el abuelo o la abuela pueden ayudar a vigilar a los niños mientras él o ella están trabajando. Los abuelos también pueden echar una mano de otras muchas maneras, como llevando a los niños en coche, haciendo la compra o ayudándoles a hacer los deberes. En ocasiones lo único que se necesita de ellos es que estén cerca de papá y mamá y les aconsejen y que les den todo su amor a sus nietos.

Cuando es el padre el que obtiene la custodia, criar a sus hijos cerca de la abuela les proporciona una figura maternal a la que acudir cuando la necesitan. En el caso de que sea la madre quien la tenga, siempre es bueno que los niños tengan cerca al abuelo cuando su padre no está.

Claro que a veces el que se va a vivir a otro lugar es el que no tiene la custodia. Las razones pueden ser muy diversas, entre ellas, un cambio de trabajo. Una persona divorciada podría decidir ir a la universidad, por ejemplo, para poder conseguir un trabajo mejor o cambiar de profesión después de haberse licenciado.

Ahora piensa en lo siguiente: el señor y la señora Zyxx se han divorciado. Ambos tenían un grupo de amigos con los que solían salir. Es posible que, desde que se divorciaron, esos amigos se hayan puesto de parte de uno de los dos. Podrían pensar que la señora Zyxx tenía razón al querer divorciarse del señor Zyxx (o viceversa). Si ellos se ponen de parte de la señora Zyxx, el señor Zyxx no se sentirá demasiado cómodo saliendo con ellos y viceversa.

Incluso si los amigos no se ponen de parte de nadie, es probable que el señor Zyxx no se sienta cómodo estando con ellos. Ya no está casado y no está a gusto con sus amigos, así que lo que realmente desea es empezar de nuevo en algún otro lugar. Llegado ese punto, el señor Zyxx podría irse a vivir a otra ciudad, y lo mismo podría sucederle a la señora Zyxx.

Existen muchas razones por las que, a veces, las personas divorciadas se van a vivir a otro lugar. Sin embargo, no vamos a enumerarlas porque en realidad no son tan importantes para ti. Lo que sí es importante que tengas en cuenta es que *la mayoría de padres divorciados se quedan en la misma ciudad en la que vivían y que sólo algunos deciden irse a vivir a otra ciudad.*

¿Y si suponemos que uno de tus padres se va a vivir a otro lugar? Para lo que vamos a tratar a continuación, no importa demasiado si el que se muda es el que tiene la custodia (con el que vives) o el que no la tiene (al que visitas). Da lo mismo que sea tu padre o tu madre el que se vaya a vivir a otra ciudad porque tú terminarás viviendo en una ciudad mientras tu padre (o tu madre) vivirá en otra.

Aun así te vuelvo a repetir que eso no siempre sucede. *En la mayoría de los casos los padres continúan viviendo en la misma ciudad* pero, si sucediera, ¿qué harías?

Lo principal es que si, por ejemplo, vives con tu madre, *podrás* ver a tu padre. Es probable que no puedas verle todos los fines de semana o un fin de semana de cada dos, pero quizá pases más tiempo con él durante las vacaciones. ¿Y qué sucede entre una visita y otra?

## Algunas formas de mantener el contacto

No tienes por qué perder el contacto porque tu padre o tu madre viva fuera de la ciudad. Supongamos por el momento, que es tu padre el que se ha ido de la ciudad. Es posible que estés triste porque no puedes sentir sus brazos rodeándote, darle un beso en la mejilla o jugar al Monopoly con él, pero existen muchas formas de mantener el contacto. ¿Cómo cuáles?

☺ **Una de las formas más antiguas de mantener el contacto es escribirse cartas.** Puedes escribirle una carta a papá todas las noches, una vez por semana o cuantas veces tengas ganas de hacerlo. Cuéntale todas las cosas interesantes que te hayan pasado ese día.

¿Has sacado un sobresaliente en un examen (o un temido suspenso)? ¿Te has peleado con otro niño o hecho un nuevo amigo? ¿Ha llegado el profesor sustituto a tu clase? ¿Has terminado un trabajo sobre los esquimales, encontrado una piedra con una forma muy extraña o visto un programa especialmente divertido por la tele? Pónselo en la carta.

¿Vas de excursión? Si donde vas hay una tienda de regalos, compra una postal. (Por lo general no son muy caras.) La foto de la postal te ayudará a describir tu viaje, y tu padre estará contento de que hayas pensado en él.

Incluso si tu carta o nota sólo tiene un par de frases, tu padre estará encantado al recibirla. (Seguro que te echa tanto de menos como tú a él.) Y si él te escribe una carta por cada una de las que tú le envíes a él, piensa en toda la correspondencia que recibirás... ¡y será de papá!

☺ **Envíale mensajes de correo electrónico.** Si tanto tú como tu padre tenéis ordenador, ¿habéis comprobado si ambos tenéis conexión a internet? (Si no, sugiérele a tus padres que valdría la pena contratar un servicio de conexión a la red para ambos ordenadores.) Podéis enviaros mensajes de correo electrónico; cartas que llegan casi al minuto de haberlas enviado. Además, existen algunos servicios como AOL Avant que te permiten «hablar» (escribir) y recibir respuesta inmediata mientras los dos estéis conectados a internet (este sistema se llama «mensajería instantánea»). Podrás leer lo que te envíe tu padre tan pronto como lo escriba y responderle de inmediato. (Por otro lado, el servicio de conexión suele ser más barato que realizar llamadas telefónicas de larga distancia.)

☺ **Escribe un diario.** En vez de escribir una carta cada noche (o la mayoría de las noches), puedes escribir tus propios relatos sobre lo que te ha sucedido durante el día en una libreta pequeña en blanco o en páginas sueltas. (Cuando hablamos de escribir un diario, no nos referimos al mismo diario que mencionamos unas cuantas páginas atrás, tu diario privado, porque ése es sólo para ti.) Una vez por semana, envíale la libreta o las páginas sueltas a tu padre.

Cuantos más detalles le des, más disfrutará leyendo. Aunque si no se te da muy bien escribir, es posible que no te apetezca pensar en frases largas que describan lo que ha acontecido durante el día. No pasa nada. Seguro que puedes, por lo menos, hacer anotaciones cortas sobre lo que te ha ido pasando cada día: «He jugado al béisbol después de clase. He ido hasta Lincoln Park en bici. He encontrado el nido de un petirrojo en el roble. He ayudado a mamá a preparar galletas de avena con pasas. ¡Hoy no he tenido deberes! Y dentro de tres semanas se terminan las clases y empiezan las vacaciones. ¡Hurra!».

☺ **Llamadas de larga distancia.** Seguramente tu padre y tú queréis oír vuestras respectivas voces. Las llamadas de larga distancia cuestan dinero, pero si procuras que sean cortas, podrás permitirte llamar más a menudo. Por otro lado, también puedes llamar una vez por semana y hablar durante más tiempo. A lo mejor sería conveniente que escribieras de antemano algunas de las cosas que quieres contarle a tu padre para que no te olvides de ellas cuando estéis hablando por teléfono.

☺ **Tu padre puede contratar una línea 900.** Algunas empresas de telefonía ofrecen líneas de teléfono 900 a particulares, y no sólo a empresas. Seguramente ya sabrás que cuando una persona marca un teléfono 900, la llamada es gratuita. (Claro que alguien tiene que pagar esa llamada. El coste de la misma lo paga la persona que la recibe, en vez de la persona que marca el número.)

Puede que tu madre haya limitado el número de veces que puedes llamar a tu padre porque no puede permitirse que incrementes el importe de las facturas de teléfono, pero si tu padre puede pagar un número 900, podrás llamarle tantas veces como él te diga. A tu madre no le costará nada. (Cada vez que llames el gasto será para tu padre.)

Es posible que tu padre no haya oído hablar todavía de los «números 900 personales», pero tú puedes sugerirle que consiga uno.

☹ **Graba tus novedades.** Quizá prefieras «contar oralmente tus novedades» a escribirlas, pero tus padres no pueden permitirse el lujo de que hagas llamadas de larga distancia con frecuencia. Por otro lado, es posible que tu padre no quiera, o no pueda, pagar una línea 900. En ese caso, todo lo que necesitas es una grabadora y unas cuantas cintas de casete. Cualquier tipo sirve. Puedes utilizar una grabadora pequeña, un equipo de música compacto o la pletina de una mini cadena, siempre y cuando tenga micrófono, ya sea un equipo con entrada para micrófono o con uno incorporado. Para poder escuchar tus cintas, tu padre también tendrá que disponer de un reproductor de casete, además de una grabadora con micrófono para poder enviarte «cartas grabadas», contarte lo que le ha ido sucediendo y decirte lo mucho que te echa de menos.

Lo mejor que puedes hacer es grabar unos cuantos minutos de conversación cada noche y enviar la cinta por correo una vez por semana. Al igual que en los diarios o en las cartas, puedes contarle a tu padre todo o algo de lo que te ha ido pasando cada día. Aprieta el botón de grabación y di «Hoy es lunes» (o el día en el que estés) y luego empieza a contarle a tu padre todas las cosas interesantes que te han sucedido ese día.

Seguramente cuando grabes querrás hablar como si te dirigieras a él. (Si eso te resulta extraño y no te sientes cómodo, utiliza este truco: cierra los ojos e, intentando no pensar en la grabadora, imagínate que ves la cara de tu padre. Luego habla como si le estuvieras hablando a él.)

No obstante, no es necesario que hables como si estuvieras manteniendo una conversación seria con él. Si quieres, puedes ser divertido y hacer como si fueras un presentador de televisión. Si tu nombre es Pat, por ejemplo, puedes empezar la cinta con algo como «Ésta es la cadena P-A-T FM». Si tu nombre tiene más de tres letras, no te preocupes. No eres una cadena de radio real, así que si quieres puedes ser, por ejemplo, L-E-S-L-I-E FM.

Luego puedes decir algo así como «Éstos son los titulares de hoy, 28 de marzo» y continuar emitiendo las noticias, hablando de ti mismo como si fueras otra persona: «Leslie Gordon ha sorprendido hoy a la profesora de quinto curso, la señora Fisher, al recitarle de memoria todos los versos de "America the Beautiful". Deportes: «Hoy Leslie Gordon ha encestado tres veces en la clase de gimnasia». Y ahora el tiempo: «Hoy han predominado las nubes, con temperaturas que rondaban los 9 grados, pero se espera que mañana el día esté soleado y suban las temperaturas». Entre las demás noticias del día, «Molasses, el perro de la familia de Gordon, se metió por debajo de la valla y huyó. Una mujer lo encontró tres edificios más lejos. La mujer miró el collar de Molasses, vio a quién pertenecía y lo devolvió a la familia, que estaba muy intranquila a causa de su desaparición».

No importa si haces que tu cinta se parezca a las noticias de una cadena de radio o simplemente le hablas a tu padre como lo harías si estuviera sentado contigo en la misma habitación. Lo importante es que le cuentes lo que sucede en tu vida.

☺ **«Una foto vale más que mil palabras.»** Así lo dice el dicho aunque la verdad es que una cosa no reemplaza a la otra. Sin embargo, a pesar de que las fotos por sí solas no pueden sustituir a tus palabras, mediante las cuales le contarías a tu padre todo lo que sucede en tu vida, sí es cierto que a él le gustaría ver el aspecto que tienes entre una visita y otra.

Estás creciendo. ¿Cuánto has llegado a medir? ¿Te ha crecido el pelo o has cambiado de peinado? ¿En qué otros aspectos has cambiado desde la última vez que te vio? ¿Te has comprado ropa nueva? ¿Ha decidido el equipo de deporte, la banda de música del colegio, el nuevo grupo de Boy Scouts, o cualquier otro grupo al que pertenezcas, utilizar un uniforme o equipo nuevo? ¡Envía fotos!

Pídele a tu madre, tus amigos, o algún otro familiar, que te saque fotos y luego envíaselas a tu padre. Permítele que vea fotos de cómo eres ahora. Piensa que es mejor que no le envíes fotos en las que sólo poses de pie en algún sitio. Pide que te hagan fotos en las que salgas tú intentando golpear una pelota con un bate de béisbol, compartiendo un refresco con tu mejor amigo, o sentado en el nuevo escritorio que tienes en tu habitación, por ejemplo. De ese modo, él no sólo verá el aspecto que tienes en ese momento, sino que averiguará algo más sobre tu vida.

☺ **Las fotos que se mueven son incluso mejores.** Si puedes, pídele a tu madre, a un amigo o a un familiar que te grabe con una cámara de vídeo. Este método es más caro así que no se trata de algo que puedas hacer todos los días o todas las semanas. Quizá ni siquiera puedas hacerlo todos los meses pero, de vez en cuando, o en ocasiones especiales, grábate en una cinta de vídeo y envíasela a tu padre.

☺ **Los ordenadores pueden enviar fotos de forma casi instantánea.** Hoy los ordenadores aceptan la conexión de una cámara digital que te permitirá enviar fotos por correo electrónico. Puedes sentarte delante del ordenador y tu padre te verá al mismo tiempo, o en el mensaje que le envíes posteriormente. Si tanto tú como tu padre tenéis ordenadores nuevos, ¡probadlo!

Junto con las sugerencias que acabo de hacerte, puedes enviarle a tu padre pequeños objetos que le ayudarán a seguir sintiéndose conectado a ti. ¿Has hecho algún colage en el colegio recientemente? ¿Te ha invitado tu vecino a ir con él a su carpintería y te ha ayudado a hacer un par de sujetalibros? Envíale el colage, los sujetalibros y unos cuantos dulces. ¿Le has comprado una camiseta con el nombre de su equipo favorito? ¡Qué buena idea! Ahora, envíasela. Saber que has pensado en él le hará sentirse bien.

Además sabes que, cuando reciba lo que le envíes, él también pensará en ti.

# 8. Los padres también son seres humanos

Cuando eras muy pequeño probablemente pensabas que tus padres eran perfectos. Tu madre nunca cometía errores y tu padre nunca hacía nada mal. A medida que crecías, aprendiste que las cosas no eran así. Empezaste a darte cuenta de que, aunque podían ser unos padres maravillosos, «maravillosos» no era sinónimo de «perfectos».

Tus padres son seres humanos y cometen errores como todo el mundo. Ellos intentan hacer lo correcto, y la mayoría de las veces lo consiguen, pero otras meten la pata como todos. Además, cuando las personas están bajo presión, tienen más probabilidades de cometer errores.

El divorcio ejerce mucha presión sobre las personas. Éste es un momento difícil tanto para tu padre como para tu madre. (Sé que también lo es para ti.

Además, tú no les pediste que se divorciaran, y eso hace que para ti todo sea más duro. Fue decisión suya, no tuya pero, créeme, para ellos tampoco es una situación fácil.)

En este capítulo se tratan algunos de los errores que cometen los padres; errores que tienen que ver con los hijos. Si tus padres cometen alguno, habla con ellos (¡suavemente!) y demuéstrales que están siendo injustos contigo.

*¿Cuáles son algunos de los errores que cometen los padres?*

**Utilizar a los hijos como espías.** Es un error muy común que a veces cometen los padres; no quiero decir con esto que vayan a enviarte a Rusia para vigilar a su ejército. Me refiero a que tu madre y tu padre podrían empezar a hacerte muchas preguntas el uno sobre el otro. Es perfectamente comprensible y muy común, pero a pesar de ello sigue estando mal.

No me refiero a preguntas como «¿Te lo has pasado bien en casa de papá?, ¿Cómo se encuentra mamá?, ¿Qué hicisteis tu madre y tú cuando fuiste a visitarla? o ¿Qué hizo tu padre para cenar?». Esa clase de preguntas son absolutamente inofensivas. No son preguntas «de espionaje».

Pero imagínate que tu padre y tu madre discuten por temas de dinero. Quizá tu padre se retrasó con el pago de la pensión compensatoria o la pensión alimenticia que le pasa a tu madre y tú podrías o no saber que se retrasó con el envío del cheque. Tu madre, sin embargo, podría estarse preguntando si es cierto que tu padre va mal de dinero, tal y como dice.

La próxima vez que estuvieras en su casa, ella podría preguntarte si tu padre se ha gastado mucho dinero en ti ese fin de semana o si ha comprado muchos muebles nuevos para su nueva casa. (Si vives con tu padre, podría ser él quien te hiciera esa clase de preguntas sobre tu madre cuando volvieras de visitarla. Claro que quien recibe las visitas también podría hacerte ese tipo de preguntas sobre el que tiene la custodia.)

Los padres divorciados suelen salir con otras personas más tarde o más temprano (más adelante hablaremos de las citas de tus padres) y ésa es otra de las cosas por las que los ex maridos y las ex esposas sienten curiosidad. Muy a menudo las madres les preguntan a los hijos cosas como «¿Ha ido alguna mujer a visitar a tu padre mientras tú estabas allí?», «¿Has visto ropa de mujer en su armario?» o, más directamente, «¿Sabes si papá tiene novia?».

El padre, a su vez, también podría hacerle ese tipo de preguntas a sus hijos cuando van a verle. «¿Se está viendo tu madre con algún hombre?», podría preguntarte, o si pretende que su interés no resulte tan obvio, podría intentar averiguar quién ha ido a visitar a tu madre últimamente.

Esa pregunta no parece tan inapropiada, ¿verdad? No obstante, lo más probable es que el padre que la formula no esté interesado en saber qué familiares o viejos amigos han ido de visita a la casa, sino en enterarse de si algún desconocido ha ido a visitar a su ex mujer.

De hecho, a veces cuesta hallar la diferencia entre una pregunta apropiada y una no tan apropiada, pero cuando creas que tu padre o tu madre te están utilizando para averiguar cosas el uno del otro, dilo. Puedes contestar, con mucha educación, algo como «Preferiría que eso se lo preguntaras directamente a papá [o a mamá]. No me gusta ir con cuentos de una casa a otra», «No me metas a mí en medio. Si quieres saber algo de papá, pregúntaselo a él, por favor, y no a mí» o «No me siento cómodo respondiendo a preguntas sobre mamá. Hace que me sienta como si estuviera traicionándola. Por favor, si quieres saber algo sobre ella, pregúntaselo directamente». Eso no es ser maleducado, sino honesto. Recuerda que no tienes que responder a ninguna pregunta que te haga sentir como si fueras un espía.

Resulta muy fácil dejarte usar como espía. Cuando tu padre te pide información sobre tu madre y tú sabes la respuesta y se la das, seguramente te dará las gracias o incluso te llenará de elogios. Incluso aunque no lo hiciera, lo cierto es que todos nos sentimos bien cuando conocemos la respuesta a la pregunta que nos han hecho. Es normal.

Cuando tu madre te hace alguna pregunta sobre tu padre y tú le respondes, sientes que la has ayudado y que eres útil. A todo el mundo le gusta sentirse útil y ayudar a su madre.

Además, si tu madre o tu padre te lo agradece mucho, o te alaba por haberle dado la información que quería, te resultará muy fácil acabar atrapado en lo que empezará a parecerse a un juego. «Veamos todo lo que puedo averiguar sobre papá o mamá». o «Veamos lo importante que puedo ser para papá si le cuento todo lo que quiere saber sobre mamá».

¡No caigas en esa trampa! No importa lo útil o importante que te sientas cuando transmites la información. Recuerda que *no es bueno espiar a tus propios padres*. Además, *si tu padre o tu madre te hace ese tipo de preguntas, estará siendo injusto contigo*, y no debería hacerlo.

No respondas a ninguna pregunta que no te parezca adecuada o que consideres que te pide más información de la que crees que deberías dar.

*¿Qué otros errores cometen los padres divorciados?*

**Utilizan a sus hijos para transmitir mensajes.** Algunos tipos de mensajes son correctos, por supuesto. Imagina que tu padre pasa todos los domingos por casa de tu madre para recogerte, pero no siempre lo hace a la misma hora. Este domingo, cuando te deja de vuelta en casa, él te dice:

—Dile a tu madre que la próxima semana te recogeré a la una.

Ese tipo de mensajes suele ser correcto. Pero imagina que tu padre quiere cambiar el día de visita. Imagina que siempre te ve los sábados por la mañana y que la próxima semana quiere recogerte el viernes antes de comer y que pases la noche en su casa. Esos cambios no siempre pueden parecerle bien a tu madre. Puede que ese día ella tenga otros planes para ti. Por lo tanto, no está bien que tu padre te diga algo como «Dile a tu madre que la semana próxima te recogeré el viernes por la noche», porque debe hablarlo antes con ella.

Tu madre tampoco debería decirte cosas como «Dile a tu padre que no me ha llegado el cheque de la pensión alimenticia y que lo necesito». No es responsabilidad tuya transmitir estos mensajes, sino que son tus padres quienes tienen que arreglarlo entre ellos.

## Mensajes que no deberías transmitir

☺ **Mensajes que pueden dar lugar a peleas o hacer daño.** A veces es difícil saber si el mensaje puede causar o no problemas. Si no estás seguro de ello, puedes decir algo como «Quizá mamá y tú podríais hablar de eso. No me sentiría bien diciéndoselo yo».

☺ **Mensajes que requieren respuesta, aun cuando sean agradables.** ¿Conoces el juego del teléfono? Ese en el que una persona dice algo como «Brian se comió tres huevos fritos» y el mensaje va pasando de boca en boca hasta que se convierte en algo estúpido como «A Brian le picaron ochenta mosquitos». Transmitir ese tipo de mensajes no da lugar a nada bueno porque el mensaje original sólo llega hasta la mitad del camino. En otras palabras, quien te hace la pregunta no obtendrá respuesta hasta que tú la traigas de vuelta, y es muy probable que el mensaje acabe liándose por el camino.

☺ **Mensajes que critican a la otra persona.** En esos casos puedes decir algo como «Eres tú quien debe pronunciar esas palabras, no yo. Yo no podría decirle esa clase de cosas».

☺ **Mensajes sobre dinero.** Tanto si el mensaje habla de la pensión compensatoria o de la pensión alimenticia, como si se refiere a facturas por pagar, las personas suelen pelearse por cuestiones de dinero, así que es mejor que no te involucres. Es mejor que digas algo como «Creo que deberías hablar de eso con papá».

☺ **Mensajes sobre cambios de horario.** Como ya he mencionado, es necesario que los padres acuerden los horarios (de las vacaciones o visitas). Es responsabilidad suya, no tuya, llegar a un acuerdo con respecto a los cambios de horario.

☺ **Mensajes sobre hábitos personales o relaciones.** Por ejemplo, si tu madre te pide que le digas a tu padre que ha estado viendo a alguien (o incluso que no ha salido con nadie), ése es un mensaje que podría causar problemas. En un caso así podrías decirle algo como «Si quieres que papá lo sepa, creo que debes ser tú quien se lo diga».

☺ **Cualquier otro mensaje que te incomode transmitir a tu padre o a tu madre.** Puede tratarse tanto de mensajes que te suenen a rumor o a cotilleo, como de mensajes que temas que puedan herir o hacer enfadar a uno de tus padres. Sé honesto: «No me siento cómodo diciéndole eso a mamá. Es mejor que se lo digas tú mismo».

Si tu padre te dice «Dile a tu madre que mi hermana acaba de tener un bebé», el mensaje es correcto, porque sólo consiste en transmitir un hecho interesante, pero si te dice algo como «Dile a tu madre que no me gusta que salga tanto y que te deje con la canguro con tanta frecuencia», el mensaje no es correcto. Si a tu padre le parece mal lo que hace tu madre, es él quien debe discutirlo directamente con ella. Tú no tienes por qué transmitir ese tipo de mensajes.

*¿Hay algún error más que cometan los padres?*

**A veces se refugian demasiado en sus hijos o intentan convertirlos en sus amigos.** Si ves que tu madre está triste, es bueno que la animes, pero no la ayudará en nada llorar delante de ti y contarte quejas de tu padre porque él ha hecho algo que la ha molestado. Si se da el caso, puedes decirle: «Mamá, eso es algo que debéis resolver papá y tú. No quiero oírlo. Él todavía es mi padre».

Sin embargo, no todas las quejas son del padre con respecto a la madre o viceversa. A veces, el padre (o la madre) al no tener una esposa o marido a quien quejarse de los acontecimientos de la vida cotidiana, le cuenta sus quejas a su hijo o hijos. Si lo hace dentro de unos límites, no pasa nada. No hay razón alguna por la que tu madre no pueda decirte que ha tenido un día muy duro en el trabajo, o tu padre no te diga que el señor Smith es un jefe muy difícil, pero no deberías tener que oír toda la historia, de principio a fin, cada vez que tenga un mal día.

Ninguno de los dos debería recitarte la lista completa de todos sus problemas y, si alguno lo hace, puedes decirle suavemente algo como «Sería mejor para ti que se lo contaras a alguno de tus amigos. Yo sólo soy un niño», o «¿Por qué no se lo cuentas a algún amigo? Seguro que él (o ella) podría darte algún consejo sobre lo que debes hacer. Yo no puedo. Soy un niño».

*Los padres cometen muchos errores, ¿verdad? ¿Hay alguno más?*

**Castigarte a ti por un error cometido por tu padre o tu madre.** A veces, cuando uno de los padres tarda en pagar la pensión alimenticia, el otro le dice cosas del estilo de «Si no me pasas el dinero de la pensión, no podrás ver a los niños este fin de semana». Es comprensible que la madre (o el padre) quiera desquitarse por no haber recibido lo que merecía, pero en este caso, la solución no es justa, porque te hiere a ti del mismo modo que hiere a tu padre por no haberle pagado el dinero de la pensión.

Imagina que vives con tu madre y que tu padre tarda en pasarle el cheque. Si tu madre le prohíbe a tu padre que te vea, también te está prohibiendo a ti que veas a tu padre y eso no es justo.

Por otro lado, si tu madre te pide que le digas a tu padre que no puede verte, la situación es aún peor. Tu madre te está, en cierto modo, castigando porque tu padre no ha enviado el dinero a tiempo y, además, te está pidiendo que seas tú quien le transmita el mensaje. Si tu padre te llama el miércoles para decirte que te verá el sábado a las diez, puede que tu madre diga algo como «Dile que no podrá pasar a buscarte a menos que reciba el cheque que me debe». ¡Vaya! Tu madre acaba de cometer un error, así que deberías decirle:

—Por favor, ponte tú al teléfono y dile lo que quieras decirle. No es justo para mí tener que dar mensajes de ese tipo. De cualquier forma, quiero que sepas que también me estás castigando a mí. Él sigue siendo mi padre y quiero verle. No es justo que yo tenga que sufrir sólo porque él lo haya estropeado todo.

Claro que no tienes por qué utilizar exactamente esas palabras, pero ésa es la idea general que quieres que tu madre capte.

No es fácil decir «No» a unos padres que quieren que hagas de espía o que transmitas sus mensajes. Es agradable sentir que tus padres pueden contar contigo. Es agradable sentirse útil e importante. Sin embargo, si uno de tus padres se da cuenta de que le has estado espiando o no está contento con los mensajes que has transmitido, seguramente se enfadará contigo y tú ya no te sentirás tan bien, tan feliz o tan importante como antes. De hecho, es muy probable que te sientas realmente infeliz.

La única forma de evitar ese problema es no formar parte de él. Su desacuerdo no tiene por qué convertirse en el tuyo. Di educadamente que no quieres verte involucrado. Recuerda que tu padre y tu madre no quieren herirte, pero son seres humanos y, como tales, cometen errores. Aun así, no debes dejar que sus errores se conviertan en los tuyos.

# 9. Echemos un vistazo rápido al futuro

Nadie puede predecir lo que ocurrirá en tu familia en el futuro, pero hay algunas cosas que es muy probable que sucedan, ¡o por lo menos en muchas familias sí es así!

*La madre de mi amigo/a está divorciada y está saliendo con otro hombre. ¿Hará mi mamá lo mismo?*

Lo más probable es que sí. Una vez esté divorciada de tu padre, no existe razón alguna por la que no pueda salir con otros hombres. Seguramente tu padre hará lo mismo. Es posible que no salgan con otras personas de inmediato. Algunas personas están preparadas para hacerlo poco después de haberse divorciado. Otras, sin embargo, necesitan más tiempo. Sea cual sea el caso, es muy probable que tus padres terminen saliendo con alguien más tarde o más temprano.

*¿Significa eso que mi madre me dejará siempre solo?*

Si no eres lo suficientemente mayor como para quedarte solo en casa, lo más seguro es que contrate a una canguro o que se las arregle para que pases la noche en casa de un amigo, de tu abuela o de alguien con quien estés a gusto.

De todos modos no creo que lo que te preocupe sea quedarte solo, sino que tu madre esté saliendo con alguien; alguien que no sea tu padre. Es probable que sientas que tu madre está siendo desleal y que no te parezca bien lo que hace, pero debes entender que es algo que sucede muy a menudo después de un divorcio.

Tu madre y tu padre ya no están casados, y eso para ti es difícil de aceptar, pero tendrás que acostumbrarte. Ambos empezarán a salir con otras personas y es bueno que lo hagan.

*¿Y si mi madre decide casarse con uno de los hombres con los que sale? ¡No quiero que un extraño venga a vivir a casa!*

Lo que te preocupa es, principalmente, la lealtad, sólo que esta vez se trata de la tuya propia. Creo que lo que te inquieta es si estarás siendo desleal con tu padre por el hecho de ser amable con otra persona; alguien que parece estar ocupando el lugar de tu padre.

Sin embargo, debes saber que nadie puede ocupar el lugar de tu padre. Él sigue siendo tu padre y siempre lo será, pero el hecho de que tu madre vuelva a casarse, no significa que no puedas tener una buena relación con su nuevo marido. Él puede estar a tu lado cuando tu padre no esté cerca y hacer contigo algunas de las cosas que te gustaba hacer con tu padre antes de que se marchara de casa.

En estos momentos, la idea de tener en casa a otro hombre, un hombre que intenta ser tu «segundo padre», no es muy alentadora. Hablemos, sin embargo, de lo que significa tener a un «hombre extraño» en casa.

Seguramente no conocerás a todos los hombres con los que salga tu madre. Puede que haya algunos hombres con los que salga una vez y que luego no vuelva a ver nunca más, pero si conoce a alguien que le gusta de verdad, continuará viéndole y, en algún momento, te lo presentará.

Lo más probable es que empecéis a hacer cosas juntos. Es posible que ella le invite a cenar o que él os invite a ti y a tu madre a su casa y prepare la cena. Quizás os invite a ti y a tu madre a ir al cine con él, a jugar una partida de mini golf o a ir a algún otro lugar divertido y tú te acabarás acostumbrando a tenerle cerca.

Llegado el momento, tu madre podría decidir que él es el hombre adecuado para ella y ambos podrían hablar de matrimonio. No obstante, piensa que para cuando se casen y él se mude a vuestra casa, ya no será un «extraño». Tú le conocerás bien, habrás pasado algún tiempo con él y te sentirás cómodo en su presencia.

Al principio, puede que te parezca raro tenerle en casa. De hecho, él no es tu padre. Sin embargo, no importa lo cerca que estés del nuevo marido de tu madre, porque él nunca ocupará el lugar de tu padre y tampoco intentará reemplazarle.

Pero, ¿qué hay de malo en tener un padre y un padrastro a la vez? ¿Cuáles son las cosas que te gusta hacer con tu padre? Piensa en todas ellas. Ahora que tu padre ya no vive contigo, no puedes hacerlas tan a menudo, ¿verdad?

Si tu madre vuelve a casarse, no tienes por qué llamar a su nuevo marido «papá». Tú ya tienes un padre y cualquier hombre con el que tu madre decidiera casarse lo entendería.

## ¿Cómo debo llamar al nuevo marido de mamá?

Es probable que te deje llamarle por su nombre o que te sientas cómodo llamándole «Pa» o cualquier otro nombre paternal que no sea «papá». También puede ser que tenga un apodo o diminutivo por el que puedas llamarle o incluso que a ti se te ocurra un nombre especial para él.

Imagina que tu madre vuelve a casarse. Si eso sucede, tú podrás hacer todo lo que te gusta con tu padre siempre que estés con él y además tendrás a tu padrastro para hacer esas mismas cosas el resto del tiempo. ¿A que no parece una mala idea? ¡De hecho suena bastante bien! (Si todavía te cuesta pensar en ello, no te preocupes, porque puede que aún quede mucho para que te encuentres en esa situación, si es que se da el caso algún día. Además, para cuando tengas que enfrentarte a ella, todo te resultará más fácil.)

## *¿Y qué pasa si es papá quien vuelve a casarse?*

Hasta ahora sólo hemos hablado de cómo serían las cosas si mamá empezara a salir con otros hombres y decidiera volver a casarse, pero si fuera tu padre quien lo hiciera, todo sería exactamente igual. Una madrastra no podrá nunca reemplazar a tu verdadera madre, pero sí puede ser alguien que se preocupe por ti y con quien tú te diviertas.

Éstas son algunas de las cosas que debes recordar cuando tus padres empiecen a salir con otras personas:

☺ Tu madre no está siendo desleal por el hecho de salir con otros hombres.

☺ Ella ya no está casada con tu padre. Tu padre, por lo tanto, tampoco está siendo desleal por el hecho de salir con otras mujeres.

☺ Aunque tu madre vuelva a casarse, tu padre seguirá siendo tu padre.

☺ Y si es tu padre quien vuelve a casarse, tu madre seguirá siendo tu madre.

☺ No tienes por qué llamar «papá» al nuevo marido de tu madre (a menos que quieras hacerlo). Como tampoco tienes por qué llamar «mamá» a la nueva esposa de tu padre si no quieres.

☺ Te puede gustar el nuevo marido de tu madre (o incluso puedes quererle) sin ser desleal con tu padre, y lo mismo puede suceder con la nueva esposa de tu padre.

☺ Tanto si tus padres empiezan a salir con otras personas como si no, suceda lo que suceda, recuerda que tú siempre serás su hijo y que siempre ocuparás un lugar especial en sus corazones.

# 10. Cosas importantes que debes recordar

Aquí tienes una lista de las cosas más importantes que espero hayas entendido tras haber leído este libro:

☺ **Tú no tienes la culpa de que tus padres se divorcien.** Tus padres no se divorcian porque tú hayas hecho algo malo. Incluso aunque parezca que papá y mamá están más molestos contigo últimamente, eso no significa que se divorcien por tu culpa, sino que se enfadan con más facilidad porque están pasando por un momento difícil.

☺ **Es normal echar de menos a tu padre (o a tu madre) una vez se ha marchado de casa.** Es normal incluso aunque tu madre (o tu padre) no le eche de menos después de haberse ido.

☺ **No tienes por qué perder el contacto con tu padre (o tu madre) una vez se haya marchado de casa.** Si él (o ella) se va a vivir a un lugar cerca de tu casa, podrás visitarle (o visitarla) de forma regular.

☺ **No tienes por qué perder el contacto aunque se vaya a vivir a otra ciudad**, o aunque seas tú y tu madre (o tu padre) los que os marchéis de la ciudad. Podrás visitarle (o visitarla) durante las vacaciones y existen muchas maneras de mantenerse en contacto entre una visita y otra.

☺ **Es normal que estés triste o enfadado.** Intenta encontrar la manera de enfrentarte a tus sentimientos y no hieras a otras personas sólo porque tú estés herido.

☺ **Es normal que llores (o que no lo hagas).** Existen muchas formas de ayudarte a ti mismo a sentirte mejor. Si un viejo juguete, o una pieza de ropa de cuando eras pequeño te hace sentirte mejor, es normal que lo uses.

☺ **Es normal que estés enfadado con tus padres por haberse divorciado.** Pero recuerda que se están divorciando porque creen que es lo mejor que pueden hacer. No lo hacen sin pensarlo o por capricho y tampoco lo hacen para herirte.

☺ **Puede que ahora tu casa sea un lugar más agradable en el que vivir,** si lo que sucedía antes del divorcio era que tu padre y tu madre se peleaban continuamente. Una vez dejen de vivir juntos, las peleas cesarán.

☺ **Incluso aunque no les oyeras pelearse, los dos eran infelices viviendo juntos.** De no ser así no se divorciarían. Una vez divorciados, todo será menos estresante para ambos. Seguramente los dos estarán más relajados y serán más felices y eso hará que todo sea mucho más agradable para ti.

☺ **No tienes por qué ponerte de parte de ninguno de los dos.** El divorcio es cosa suya y nadie te está preguntando quién de los dos tenía razón o a quién quieres más. El divorcio es cosa de adultos y es un tema que sólo tus padres deben resolver.

☺ Si tus padres parecen haber estado más descontentos contigo últimamente, su comportamiento

se debe únicamente a las tensiones que están sin-
tiendo. **No es culpa tuya.**

☺ **Ambos siguen siendo tus padres, incluso a pesar de que ya no vivan juntos.** Los dos siguen queriéndote igual y tú sigues teniendo una familia.

☺ Cuando vayas a visitar a tu padre (o a tu madre) a su nueva casa, al principio todo te resultará un poco extraño. **Ten paciencia.** Con el tiempo todo te parecerá menos extraño.

☺ Tus padres son seres humanos. **Ellos también cometen errores.** Nadie es perfecto. Si te piden que vayas pasando mensajes o que espíes a uno u otro, di «No». Debes decir «No» siempre que te pidan algo que te parezca que no está bien.

☺ Es normal que te caigan bien las personas con las que salen tus padres.

☺ Es posible que algún día tu madre o tu padre vuel-van a casarse. No tienes por qué llamar «mamá» a la nueva esposa de tu padre o «papá» al nuevo marido de tu madre. Tú ya tienes un papá y una mamá y esas personas lo respetarán.

☺ Y lo más importante: **unos padres que te quieren no dejarán nunca de hacerlo**. Incluso a pesar de que tu padre y tu madre hayan dejado de quererse, el amor que sienten los padres por sus hijos es diferente y muy especial.

# DECLARACIÓN DE DERECHOS:
## para hijos de padres divorciados[1]

## Los niños tienen derecho a:

**1** Saber la verdad sobre el divorcio ¡y con explicaciones fáciles de entender!

**2** ¡Que los protejan de las peleas de sus padres!

**3** Desarrollar y mantener una relación independiente con su padre y con su madre.

**4** No tener que defender, denigrar ni ponerse de parte de ninguno de sus padres.

**5** Quedar libres de toda responsabilidad por lo que se refiere al divorcio de sus padres.

---

1. Extraído de: Stahl, Philip M., *Parenting After Divorce: A guide to Resolving Conflicts and Meeting Your Children's Needs*, © 2000. Reproducido con el permiso de Impact Publishers, Inc.

**6** Que les tranquilicen y les aseguren que ellos no tienen la culpa de nada.

**7** No tener que hacerse cargo de las responsabilidades de sus padres. ¡Un niño no puede convertirse en el «hombre de la casa» ni una niña en una «mamá en pequeño»!

**8** Esperar que los padres cumplan los compromisos pactados y respeten el tiempo que han acordado pasar con sus hijos.

**9** Esperar que los padres se informen el uno al otro de las cuestiones médicas, educativas y legales que afecten a sus hijos.

**10** Recibir amor, consejo, paciencia y comprensión de sus padres y que éstos le pongan unos límites.

**11** Pasar tiempo con ambos padres, sin tener en cuenta las aportaciones económicas de cada uno.

**12** Que ambos padres les mantengan, al margen del tiempo que pasen con cada uno de ellos.

**13** Gozar de privacidad cuando hablan con su padre o su madre por teléfono.

**14** Tener un lugar donde dormir y guardar sus cosas que sea sólo para ellos tanto en casa de su padre como en casa de su madre.

**15** Participar en actividades adecuadas para su edad siempre y cuando esas actividades no afecten a la relación que mantienen con su padre y su madre.

**16** No tener que escuchar los detalles desagradables de los procedimientos legales que están llevando a cabo sus padres.

**17** No tener que sentirse culpables por querer a ambos padres.

**18** No tener que tomar decisiones en cuanto a la custodia o el derecho de visita.

**19** No ser interrogados por el padre después de haber pasado un tiempo con la madre o viceversa.

**20** Que los padres no les utilicen como mensajeros o espías.

**21** Que el padre no les pida que tengan secretos con la madre o viceversa.

# Nota a los padres

Por Hugh R. Leavell, Doctor en Filosofía

Divorcio. La decisión de dos adultos de disolver un matrimonio que ya no funciona. Una vez tomada, será dolorosa y triste y causará mucha tensión. Traerá consigo sentimientos de ira y pesar como consecuencia de los insultos que se dijeron en el pasado, las pérdidas del presente y el temor a lo que pueda deparar el futuro. Asimismo, es probable que suponga un alivio para la pareja.

Para uno de los dos, o quizá para ambos, se trata de una decisión que refleja el deseo de cambiar, de rectificar, y de elegir una nueva forma de vivir más acorde con las circunstancias actuales. Como adultos, cuentan con los recursos necesarios para seguir adelante; recursos que les servirán tanto para hacer frente a la separación como para comprender los cambios que están experimentando. Después de todo, son ellos los que han dado lugar a esa situación.

Para los niños, sin embargo, todo es distinto. Ellos nunca pidieron que sus padres se divorciaran, y tampoco esperaban que sucediera. El único mundo que conocen, el lugar familiar y seguro donde cobraron vida, se está desmoronando a su alrededor y no poseen ningún control sobre él. Desconocen el cómo y el porqué, aunque tampoco les ayudaría saberlo. Conocer las causas y los motivos no volvería a unir los pedazos de algo que ya se ha hecho añicos. De repente, la tela de amor sobre la que se habían cosido, con paciencia y esmero, la confianza, la seguridad, la identidad y la dignidad se reduce a unas cuantas hebras. Ellos desearían poder remendarla de algún modo; desearían que papá y mamá se unieran de nuevo e intentaran, una vez más, volver a quererse, por la familia, por sus hijos, porque ellos no quieren perder lo que tienen ni cambiar, no de ese modo.

Los niños no entienden lo que la realidad y el tiempo pueden hacerle al amor que existe entre dos adultos. No entienden de presiones externas, de cómo puede cambiar el amor y terminar por desaparecer, de nuestra capacidad para superar esta pérdida y muchas otras. Su mundo es un universo precopernicano en el que el yo parece ser el centro de todo. Con el tiempo, a la vez que vayan madurando y adquiriendo nuevos conocimientos, se darán cuenta de cómo son las cosas en realidad, de cómo el amor puede morir en una relación y continuar floreciendo en otra, de cómo las familias pueden existir y seguir cuidando a sus miembros a pesar de que su estructura haya cambiado, del amor permanente e inmutable que los padres sienten por sus hijos, pase lo que pase.

Lo que los niños necesitan es que se les tranquilice. El mundo no está a punto de acabarse pero a ellos puede parecérselo. Para ellos las apuestas son mucho mayores porque tienen la sensación de que sus vidas dependen del amor que sus padres sienten por ellos. Saben que necesitan que les cuide alguien que entienda sus necesidades y les quiera mucho, y si el amor que existe entre él y ella, el dios y la diosa de la casa, los donantes de la vida como tal, termina, ¿por qué no iba a cesar entonces el amor que existe entre los padres y los hijos? «¿Dónde acabaremos? ¿Lograremos sobrevivir? ¿Quién entonces se preocupará por nosotros?», se preguntarán. Para los hijos, éste es un asunto de vida o muerte, por lo menos en sus fantasías.

Todos hemos oído hablar de los niños y sus fantasías. Los niños, al no aferrarse como los adultos a la práctica diaria de la tan necesaria realidad, se dejan llevar constantemente por sus fantasías. El monstruo que vive en el armario, el árbol viejo y seco que se convierte en un fantasma por la noche, los indecibles miedos, vagos y amorfos, que acompañan a la tristeza y el nerviosismo, son sólo algunos ejemplos de las fantasías típicas de los niños.

Cuando se preocupan, a veces no saben cómo parar. Los niños se preocupan, y mucho. Necesitan a un adulto que les diga qué es cada cosa, cómo ser fieles consigo mismos, lo que es real y lo que no, lo que está bien y lo que está mal, qué es lo que pueden esperar y cómo actuar cuando suceda. Eso es exactamente lo que Cynthia MacGregor hace por los niños en *Guía del divorcio para niños*.

Cynthia es la voz de una persona sabia y madura que explica los cambios de una vida catastrófica de modo que consigue tranquilizar al lector sin parecer condescendiente. Ella no minimiza la magnitud y variedad de los cambios a los que se enfrentan los niños cuando sus padres se separan y tampoco los «histeriza». Su voz es consoladora, simpática y enérgica a la vez. Cynthia es consciente del dolor, la confusión y la frustración inherentes al viaje de un niño a través del divorcio de sus padres, pero no le anima a que se refugie en la desesperación y el desamparo. Por el contrario, se centra en las cuestiones prácticas, explica algunos de los tecnicismos básicos del divorcio y proporciona información suficiente al respecto, sin excederse demasiado. Además, siempre logra que lo que nos explica cobre vida a través de las experiencias y los pensamientos de ciertos niños que luchan para hacer frente a esas mismas cuestiones.

Sin embargo, éste no es sólo un libro para niños que trata sobre el divorcio, sino que también explica cómo es la vida tras él. En el libro de Cynthia, los niños se enfrentan a las visitas y la custodia, a nadar entre dos casas y a hacer que todo esto funcione. Quizá no sea fácil, pero es posible y, sobre todo, necesario. Además, eso es exactamente a lo que se enfrentan los hijos. «¿Por qué en casa de mamá la hora de acostarme no es la misma que en casa de papá?» «¿Qué pasa si mamá y papá intentan comunicarse a través de mí?» «¿Cómo debo sentirme frente al hecho de que en las vidas de papá y mamá haya personas nuevas?» «¿Quién tiene la culpa de todo este lío?» (Nadie.) Se trata, en definitiva, de una ayuda práctica para niños reales con padres reales que llevan vidas reales en el mundo real.

Hasta ahora los hijos de padres divorciados o los niños que viven en familias monoparentales, con madrastras o padrastros o familias mezcladas eran una minoría. Se sentían como inadaptados en un mundo de familias intactas, con un núcleo central, formadas por mamá, papá y su hijo biológico. Sin embargo, las cosas han cambiado. Ahora es normal ser hijo de padres divorciados, pero eso no significa que sea fácil. En realidad, cuando una familia se rompe, sigue siendo difícil pasar por los cambios, la sensación de pérdida, el miedo y la tristeza que se derivan de dicha ruptura. El divorcio todavía supone una amenaza para la seguridad y la confianza básica de un niño en el amor, así como para la estabilidad de la familia. Ahora sabemos que algunos de esos efectos son profundos y permanentes y que afectan en gran medida a la personalidad y la concepción que tendrá el niño de la vida, el amor, la familia y el ser. Aunque quizá el efecto no sea peor que el de vivir con unos padres que no se quieren, que están constantemente deprimidos o, peor aun, que son violentos o abusan de sus hijos.

En cualquier caso, mientras exista el matrimonio habrá divorcios, y mientras haya divorcios habrá hijos de padres divorciados. Esos niños necesitan ayuda.

Esta pequeña «guía», escrita de forma que los niños la disfruten y la entiendan, les conducirá a través de la separación, el divorcio y la vida que empieza después de él.

160

# Glosario    El significado de todas esas palabras que desconocemos[*]

**Abogado/fiscal:** persona especializada en derecho que tiene el poder legal de aconsejar o represen- tar a otra persona por lo que se refiere a cuestio- nes legales.

**Abusar:** herir (a una persona) por maltrato de cual- quier tipo, o usar de forma incorrecta (una cosa). Pegar a un niño es un ejemplo de abuso infantil. Pegar a la esposa o al marido es un ejemplo de

---

[*]. «El significado de todas esas palabras que desconocemos» es un glosario preparado por Robert E. Alberti, Doctor en Filosofía (Impact Publishers, Inc.), con la colaboración de la psicóloga Pat Palmer, Doctora en Educación (Maui, Hawai), el psicólogo Philip M. Stahl, Doctor en Filosofía (Dublín, California) el juez (retirado) James Stewart (San José, California), la abogada Dª Barbara Wal- ton (Meadville, Pennsylvania) y la autora.

abuso conyugal. El consumo de drogas o de alcohol para ponerse a tono es un ejemplo de abuso de una sustancia. Atacar a otra persona con palabras duras o violentas es un ejemplo de abuso verbal.

**Aislamiento del padre o la madre:** situación que se produce cuando uno de los padres intenta que el hijo (o hijos) no esté a gusto con el otro. El aislamiento de uno de los padres es una situación muy triste que no suele producirse muy a menudo pero que aun así se produce cuando los padres están realmente enfadados y ya no se soportan ni confían el uno en el otro.

**Árbitro:** persona designada por un tribunal para ayudar a tomar decisiones en un caso de custodia o de divorcio. Es una especie de árbitro de fútbol, con la excepción de que sus decisiones afectan durante mucho tiempo a la vida de las personas y, por lo tanto, debe contar con la aprobación de un tribunal. A veces recibe el nombre de ayudante especial o coordinador.

**Audiencia:** reunión de todas las personas involucradas (los padres y sus abogados, por ejemplo) con un juez antes de que se lleve a cabo un juicio. A veces los problemas se solucionan directamente en la audiencia y, por lo tanto, no es necesario celebrar un juicio. Tanto las audiencias como los juicios ofrecen a las personas la oportunidad de que un juez, mediador o ayudante especial de un juez las escuche.

**Ayudante especial:** (*Véase árbitro*)

**Carrera profesional:** una vida de trabajo o serie de trabajos. Tu padre o tu madre puede haber hecho carrera como profesor/a, mecánico, bombero, secretaria, etc.

**Celos:** sentimiento de envidia hacia una persona que podría ocupar tu lugar. A veces los niños sienten celos porque sus padres pasan tiempo con sus hermanastros y hermanastras. Las madres (y los padres) también suelen sentir celos de las personas con las que salen sus ex maridos o ex esposas.

**Compañero de habitación/piso:** persona que vive con otra y que comparte con ella un mismo espacio (casa, piso o habitación). Los compañeros de habitación no tienen por qué ser familia, sino que para serlo sólo necesitan vivir en el mismo lugar. En el caso de un matrimonio, no se habla de compañeros de piso o habitación, a pesar de que vivan juntos.

**Concesión de custodia permanente:** decisión final de un tribunal que determina quién tiene la custodia de los hijos en un caso de divorcio. Todo el mundo tiene que acatar la decisión de custodia permanente a menos que un tribunal la modifique en el futuro. La principal decisión que toma el tribunal se basa en que el niño tenga, a largo plazo, lo que es más conveniente para él, es decir, un hogar estable, un padre o madre que le quiera y un futuro sólido.

**Concesión de custodia temporal:** decisión temporal del juez que determina el modo en que los padres se repartirán la custodia de los hijos en un caso de divorcio. Todos tendrán que acatar la decisión de custodia temporal hasta que el tribunal dicte una sentencia de custodia definitiva. El resultado de una decisión de custodia temporal no siempre es el mismo que el de una decisión de custodia definitiva. Por lo tanto, es posible que se ordene que el niño viva temporalmente con uno de los padres y de forma permanente con el otro. Depende de lo que el tribunal considere más adecuado para el niño.

**Confiar:** contarle algo a alguien en secreto. «Confiar en» un amigo, en un consejero o en uno de tus progenitores significa contarle a esa persona cosas que para ti son importantes y que no quieres que otras personas sepan.

**Consejero:** persona especializada en ayudar a quienes tienen problemas. El consejero de tu colegio puede ayudarte a aprender cómo enfrentarte a los perdonavidas que se meten con sus compañeros de clase en el patio del colegio, a superar tu miedo a hablar en clase o a sentirte mejor cuando las cosas no te van bien.

**Correo electrónico:** mensaje que una persona envía a otra a través de ordenadores que están conectados a líneas telefónicas.

**Crimen:** acción que va contra la ley. Robar un banco o un coche es un crimen.

**Crítica:** opinión negativa de una persona o cosa. Algunas personas se muestran críticas con respecto al aspecto, las ideas y la actitud de otras. *(Véase también protesta)*

**Criticar:** formular una crítica sobre una persona o cosa.

**Culpable:** persona que comete un crimen o hace algo mal. Cuando en un juzgado se declara culpable a una persona significa que el tribunal ha determinado que esa persona ha actuado en contra de la ley.

**Custodia compartida:** forma de custodia que permite que tanto el padre como la madre pasen gran parte de su tiempo con su hijo. A veces se habla de custodia compartida cuando el tiempo que el niño pasa con su padre y con su madre se distribuye a partes iguales (50 y 50), pero en los casos de custodia compartida no siempre es así.

**Custodia física compartida:** situación en la que el niño pasa parte de su tiempo tanto con el padre como con la madre. Ese tiempo puede estar repartido a partes iguales aunque no siempre es así. *(Véase también custodia compartida)*

**Custodia legal:** el derecho de un padre o madre a tomar decisiones en cuestiones como la formación, educación religiosa, cuidado médico y asignación económica de un hijo. Si la custodia legal es también custodia compartida, los padres compartirán ese tipo de decisiones.

**Custodiar:** ocuparse de alguien o de algo. El padre o madre que vive contigo la mayor parte del tiempo tiene tu custodia. *(Véase también custodia compartida)*

**Declaración:** explicación de los hechos realizada por un testigo ante un tribunal. Imagina que vas a hacer una exposición en clase y que antes de hacerla quedas con tu profesora para explicarle lo que vas a contar en tu exposición. Todo lo que le cuentes a ella antes de la exposición que vayas a hacer en clase es como una declaración. Claro que en una declaración judicial real, las preguntas las hace el abogado (¡no el profesor!), que es el que quiere averiguar lo que dirá esa persona (¡probablemente no serás tú!) en los tribunales. *(Véase también testimonio)*

**Derecho de visita:** derecho del padre o la madre que no tiene la custodia a pasar algún tiempo con los hijos que no viven con él o ella.

**Desacuerdo:** cuando dos personas no piensan igual sobre algo, significa que no están de acuerdo y, por lo tanto, se produce un desacuerdo. Algunos desacuerdos no tienen importancia, pero otros son muy graves y pueden dar lugar a peleas entre amigos o vecinos, divorcios entre parejas casadas, o incluso a guerras entre países.

**Desleal:** cuando una persona no es sincera con otra. Contar cosas a espaldas de alguien, mentir sobre una persona o engañarla y mostrar favoritismos puede ser desleal.

**Diario:** escrito o libro de notas privado en el que escribes tus sentimientos y todo lo que sucede en tu vida.

**Disputa:** una disputa es más o menos lo mismo que un desacuerdo, pero por lo general significa que ese desacuerdo se resolverá en los tribunales.

**Divorcio:** final legal de un matrimonio. El divorcio se produce cuando un tribunal dice que el matrimonio se ha terminado oficialmente.

**Emociones:** sentimientos como la rabia, el miedo, la furia o la tristeza.

**Estresante:** tenso, doloroso o difícil de soportar. Algo que hace que tu corazón se acelere o que te pone nervioso. *(Véase también tensión)*

**Evaluación psicológica:** todo lo que hace un psicólogo para averiguar más cosas sobre las personas involucradas en un caso de divorcio (los niños, los padres o ambos). La evaluación puede incluir conversaciones, pruebas, visitas al hogar u otros métodos.

**Familiar:** personas o cosas que conoces bien, que para ti son reconfortantes o con quienes te llevas bien y que has tenido cerca durante algún tiempo.

**Familiares:** miembros de la familia, como la madre, el padre, el hermano, la hermana, los abuelos, los tíos, las tías y los primos, ya sean directos (de «sangre») o indirectos (por matrimonio).

**Fantasía:** sueño, ensueño o imagen de cómo podrían ser las cosas que se forma en tu mente. Las fantasías pueden ser históricas (castillos, caballeros y dragones), futuristas (naves espaciales y planetas) o presentes (tus padres vuelven a estar juntos). Las fantasías son sólo un producto de tu imaginación y no son reales.

**Figura materna:** mujer que puede hacer las veces de madre cuando la madre verdadera no está cerca. A veces la abuela, la madrastra o la tía de un niño pueden convertirse en la figura materna.

**Fiscal:** *(Véase abogado/fiscal)*

**Fronteras:** las líneas o límites que separan dos cosas, tales como la línea de propiedad que separa tu casa de la de tu vecino o la «línea» donde termina tu espacio y empieza el de otra persona.

**Fuera de lugar:** sensación de incomodidad, como si uno estuviera en casa de unos desconocidos y se sintiera extraño e inquieto.

**Igual:** las cosas o las personas son «iguales» cuando tienen los mismos derechos, privilegios o valores. Los padres cuyos derechos con respecto a la educación de los hijos son iguales tienen el mismo derecho a tomar decisiones y deben estar de acuerdo en cuestiones como el dinero, el colegio, los valores, la religión y los límites, entre otras (¡o tienen que hallar el modo de ponerse de acuerdo!).

**Información:** hechos, conocimientos, datos. Cuando posees información sobre alguien o algo, significa que sabes lo que le ha sucedido a esa persona o cosa. Debes tener en cuenta que tu información puede ser errónea.

**Inocente:** opuesto de culpable. Actuar correctamente y no haber cometido ningún crimen. Cuando en un juzgado se declara inocente a una persona significa que el tribunal ha determinado que esa persona no ha cometido ningún crimen.

**Intercambio supervisado de un menor:** cambiar o pasar un niño del padre a la madre o viceversa en presencia de otra persona que lo supervise. Es un proceso que se lleva a cabo bajo supervisión cuando los padres están tan enfadados el uno con el otro que necesitan que les ayuden con el intercambio.

**Interrogar:** hacer muchas preguntas.

**Juez:** persona que manda en un juzgado y que, en los casos de familia, toma decisiones con respecto al divorcio, la custodia y demás cuestiones relativas a los padres. Seguro que has visto a actores en televisión que hacían de jueces y se vestían con túnicas de color negro. En la vida real los jueces también se visten de negro, pero no son actores.

**Juicio:** reunión en un juzgado donde el juez, los abogados, los testigos y las personas involucradas (en un juicio por divorcio o custodia, esas personas suelen ser los padres) intentan hallar una solución para sus problemas acorde con lo que dicta la ley. En un juicio por custodia, por ejemplo, todos opinan y el juez decide la forma en que los padres se repartirán la custodia de los hijos.

**Juzgados de familia:** juzgados donde se tramitan casos legales relacionados con la familia, como divorcios, guardas y custodias y otros problemas familiares.

**Legal:** acción que respeta las leyes o normas. Si actúas según la ley, tu comportamiento será legal y no te meterás en problemas.

**Maleducado:** persona que no es educada o amable con los demás. Descortés.

**Mediación en un caso de divorcio:** ayuda que se proporciona a un matrimonio para que lleguen a un acuerdo de separación antes de que acudan a un juzgado para obtener el divorcio. Por lo general una persona especializada en casos de divorcio, o mediador, ayuda a la pareja a resolver cosas como la custodia de los hijos, la repartición del dinero, la casa y los coches y demás cuestiones de gran importancia para ellos y que pueden verse afectadas por la ruptura de su matrimonio.

**Mediación:** *(Véase mediación en un caso de divorcio)*

**Mediador en casos de custodia:** persona que determina lo que es mejor para el niño y presenta sus conclusiones al juez. El mediador en un caso de custodia puede decirle al juez, por ejemplo, que después del divorcio el niño debería estar el mismo tiempo con el padre que con la madre. Esa persona también recibe el nombre de «investigador o asesor de la custodia».

**Mediador:** persona especializada en casos de divorcio que ayuda a la pareja a resolver cosas como la custodia de los hijos, la repartición del dinero y otras cuestiones que puedan ser motivo de desacuerdo.

**Mensajes:** pensamientos, ideas, sugerencias, preguntas u órdenes que una persona pasa a otra, generalmente por escrito. Es mejor que las madres y los padres se pasen los mensajes directamente y que no pidan a sus hijos que lo hagan por ellos.

**Número 900:** número de teléfono que permite a una persona llamar de forma gratuita a otra. El coste de la llamada lo paga quien la recibe. Si llamas a alguien que tenga un número 900 no te costará nada. La persona (o empresa) a quien llames será la que tendrá que pagar.

**Padre o madre que no tiene la custodia:** padre o madre con quien el niño no vive después del divorcio.

**Padre o madre que tiene la custodia principal:** padre o madre con quien el niño pasa la mayor parte de su tiempo. En los casos de custodia compartida ninguno de los padres tiene la custodia principal.

**Padre o madre que tiene la custodia:** padre o madre con el que vive el niño y principal responsable de su educación.

**Pasante:** persona especializada en buscar información relativa a las leyes y su aplicación que trabaja para un abogado y le ayuda a prepararse para una audiencia o juicio.

**Pensión compensatoria:** dinero (como si fuera una paga) que un tribunal ordena a uno de los cónyuges (ya sea al marido o a la mujer) pagar al otro después de una separación legal o de un divorcio.

**Pensión alimenticia temporal:** pensión a corto plazo para el cuidado de los hijos que un tribunal ordena pagar a uno de los padres hasta que el juez tome una decisión final. *(Véase sentencia de divorcio)*

**Pensión alimenticia:** cantidad de dinero que un tribunal ordena a uno de los padres pagar al otro para el cuidado del hijo (o hijos). Por lo general, esa cantidad de dinero se paga una vez al mes.

**Plan de actuación para los padres:** plan que determina cómo van a compartir los padres la custodia y los derechos de visita. La mayoría de esos planes establecen el modo en que los padres quieren educar a sus hijos, organizan el tiempo que los hijos pasarán con cada uno de los padres, crean un calendario escolar, de vacaciones y días festivos y especifican quién se hará cargo de los gastos relativos al colegio, la ropa y la vivienda, entre otros, cómo se resolverán las cuestiones relacionadas con el transporte y de qué forma se resolverán los desacuerdos que puedan producirse entre los padres. Los planes de actuación para los padres, sin embargo, no se aplican en todos los países.

**Principal responsable de satisfacer las necesidades del hijo o hijos:** padre o madre que hace todo lo posible para satisfacer las necesidades afectivas de su hijo, así como las relativas a su cuidado. En muchas familias ambos padres comparten la labor de preocuparse por los hijos y darles todo su amor, incluso después de un divorcio.

**Privilegios:** derechos; cosas que puedes hacer.

**Profesionales:** expertos a quienes se les paga para realizar determinados trabajos. Por lo general son personas que se ocupan de ayudar a los demás, tales como doctores, abogados, contables, psicólogos o terapeutas.

**Protesta:** algo que disgusta a una persona. Queja. En términos jurídicos se habla de «demanda» y es el nombre que se le da al papel que una persona entrega al juez para contarle los problemas que tiene con otra persona. *(Véase también crítica)*

**Psicólogo:** doctor especializado en conocer los pensamientos, sentimientos y formas de actuar de las personas. A veces los psicólogos ayudan a los adultos y a los niños a entender sus sentimientos y enfrentarse a ellos. También pueden ayudar a las personas a aprender a llevarse mejor.

**Realista:** alguien que tiene los pies sobre la tierra o algo que pertenece al mundo real. Ideas sólidas que se usan en el día a día.

**Repartición de bienes:** acuerdo que determina quién se quedará con el dinero, la casa, el coche (o coches), los muebles y demás cosas que antes pertenecían a la pareja. En los casos de divorcio es el tribunal el que dicta la repartición de bienes. En muchas ocasiones la pareja llega a un acuerdo y el tribunal lo aprueba.

**Responsabilidad:** labor a realizar. Asumir la responsabilidad consiste en llevar a cabo tu parte de algo que debe hacerse, en hacer lo que es correcto o lo que se te pide y en mantener las promesas.

**Reunión creativa:** aquella en la que se intentan proponer tantas ideas distintas como sea posible.

**Rutina:** costumbres, hábitos o forma habitual de hacer las cosas. Ejemplos de rutina son levantarse por la mañana, desayunar, lavarse los dientes e ir al colegio.

**Sacerdote:** líder religioso, ya sea pastor, ministro, cura o rabino.

**Sentencia de divorcio:** papeles legales que se escriben en un tribunal y que informan a todo el mundo de cuándo y cómo termina oficialmente el divorcio.

**Separación de prueba:** época en que los padres viven separados para ver si pueden resolver sus problemas.

**Separación:** situación que se produce cuando los padres viven separados pero no están divorciados legalmente. *(Véase también separación de prueba)*

**Servicio on-line:** empresa que te ayuda a conectarte a internet a través de un ordenador.

**Situación:** todo lo que sucede en la vida de alguien. Jugar un partido de fútbol con siete jugadores es una situación difícil, como lo es el hecho de que el decorado se desplome a mitad de la representación teatral del colegio o que se caiga el escenario justo antes de que salgas a tocar tu primer solo. Una situación buena puede darse, por ejemplo, cuando tu perro vuelve a casa después de llevar horas desaparecido o cuando tu profesora de gimnasia te escoge para representar al colegio en los campeonatos de gimnasia rítmica de tu ciudad.

**Soledad:** sentimiento de tristeza que se produce cuando estás solo, piensas que no tienes amigos o no tienes a nadie con quien hablar.

**Tareas:** pequeños trabajos que puede que tengas que hacer en casa, como lavar los platos, sacar la basura o cortar el césped.

**Tensión:** nerviosismo, estrés, incomodidad a causa de un problema. A veces sentirás un hormigueo en el estómago o notarás que se te tensan los músculos, que el corazón te late muy deprisa o que tienes las manos frías. Algunos niños se sienten de ese modo antes de un examen o una exposición oral en clase, mientras que otros lo sienten muchas veces durante un divorcio. *(Véase también estresante)*

**Terapeuta:** profesional especializado en ayudar a las personas a resolver sus problemas. Algunos terapeutas son psicólogos, otros son terapeutas de pareja o de familia y otros son expertos en ayudar a los niños. *(Véase también consejero y psicólogo)*

**Terapia para padres:** programa especial instaurado por un tribunal para ayudar a los padres a entender lo que sienten con respecto a su divorcio y a establecer un plan para la custodia compartida de los hijos una vez se han divorciado.

**Testificar:** responder a una serie de preguntas en un juzgado. Las preguntas las suelen hacer los abogados aunque a veces las hace el juez. Los padres que no tienen abogados hacen ellos mismos las preguntas.

**Testigo:** persona que ha presenciado lo ocurrido. En un juicio, el testigo le cuenta al tribunal lo que ha visto.

**Testimonio:** todo lo que un testigo dice ante un tribunal. *(Véase también testificar y testigo)*

**Tribunal/juzgado:** las personas (jueces, por ejemplo) que aplican las leyes. También se llama «tribunales o juzgados» al edificio donde esas personas se reúnen para hacer su trabajo. El juzgado de primera instancia es el lugar donde se dictan las sentencias de divorcio.

**Visitas supervisadas:** cuando un tribunal ordena que el derecho de visita sea supervisado, el padre o la madre que no tiene la custodia sólo puede visitar al hijo en presencia de otra persona. Esa persona puede ser un familiar, un amigo o alguien a quien se le paga para que proteja al niño.

**Visitas:** tiempo que los niños pasan con el padre o la madre que no tiene la custodia. A veces el juez ordena que las visitas se hagan dentro de un horario determinado como, por ejemplo, los martes por la noche y un fin de semana de cada dos. *(Véase también padre o madre que no tiene la custodia)*

# Recursos para padres e hijos

## Libros y vídeos para padres

ACKERMAN, M. «*Does Wednesday Mean Mom's House or Dad's?*»: *Parenting Together While Living Apart*. New York: John Wiley & Sons, 1997.

BERRY, D. *The Divorce Recovery Sourcebook*. Los Angeles: Lowell House, 1998.

BLAU, M. *Families Apart: Ten Keys to Successful Co-Parenting*. New York: Putnam, 1993.

BODE, J. *For Better, for Worse: Kids Tell the Truth About Divorce & Remarriage*. New York: Simon & Schuster, 2001.

BRAVER, S. *Divorced Dads: Shattering the Myths*. New York: Jeremy P. Tarcher/Putnam, 1998.

EVERETT, C. & EVERETT, S.V. *The Healthy Divorce*. San Francisco, CA: Jossey-Bass, 1994.

FISHER, B. & ALBERTI, R. *Rebuilding: When Your Relationship Ends* (3rd Edition). Atascadero, CA: Impact Publishers, 2000.

HICKEY, E. & DALTON, E. *Healing Hearts*. Carson City, NV: Gold Leaf Press, 1994.

HICKEY, E. «*Healing Wounded Hearts*» (Video). Family Connections Publishing, 1405 East 2100 South, Salt Lake City, UT 84105.

KRANITZ, M.A. *Getting Apart Together: The Couple's Guide to a Fair Divorce or Separation*, (2nd Edition). Atascadero, CA: Impact Publishers, 2000.

KRANTZLER, M. *The New Creative Divorce*. Holbrook, MA: Adams Media Corporation, 1999.

LYSTER, M. *Child Custody: Building Parenting Agreements That Work* (3rd Edition). Berkeley, CA: Nolo Press, 2000.

MASON, M.A. *The Custody Wars: Why Children Are Losing the Legal Battle and What We Can Do About It*. New York: Basic Books, 1999.

NEUMAN, M.G. *Helping Your Kids Cope With Divorce the Sandcastles Way*. New York: Random House, 1999.

RICCI, I. *Mom's House, Dad's House: A Complete Guide for Parents Who Are Separated, Divorced, or Remarried*, Revised Edition. New York: Simon & Schuster, 1997.

SHULMAN, D. *Co-Parenting After Divorce: How to Raise Happy, Healthy Children in Two-Home Families*. Winnspeed Press, 1997.

STAHL, P.M. *Parenting After Divorce: A Guide to Resolving Conflicts and Meeting Your Children's Needs*. Atascadero, CA: Impact Publishers, 2000.

STEWART, J.W. *The Child Custody Book: How to Protect Your Children and Win Your Case*. Atascadero, CA: Impact Publishers, 2000.

TALIA, M.S. *How to Avoid the Divorce From Hell –and Dance Together at Your Daughter's Wedding*. San Ramon, CA: Nexus Pub., 1998.

WALTON, B. *101 Little Instructions for Surviving Your Divorce: A No-Nonsense Guide to the Challenges at Hand*. Atascadero, CA: Impact Publishers, 1999.

WEBB, D. *50 Ways to Lover Your Leaver: Getting on With Your Life After the Breakup*. Atascadero, CA: Impact Publishers, 1999.

## Libros para niños
## (de 4 a 8 años)

BROWN, L.K. AND BROWN, M. *Dinosaurs Divorce: A Guide for Changing Families*. Boston: Little, Brown & Company, 1988.

LANSKY, V. *It's Not Your Fault, Koko Bear: A Read-Together Book for Parents & Young Children During Divorce*. Deephaven, MN: Book Peddlers, 1998.

NIGHTINGALE, L. *My Parents Still Love Me*. Yorba Linda, CA: Nightingale Rose Publications, 1997.

PALMER, P. *«I wish I could hold your hand...»: A Child's Guide to Grief and Loss*. Atascadero, CA: Impact Publishers, 1994.

RANSOM, J.F. *I Don't Want to Talk About It*. Washington, D.C.: Magination Press, 2000.

REYNOLDS, N.L. *Mom and Dad Don't Live Together Anymore*. Firefly Books, 1988.

(DE 7 A 12 AÑOS)

WILLIAMS, M. *Cool Cats, Calm Kids: Relaxation & Stress Management for Young People.* Atascadero, CA: Impact Publishers, 1996.

(DE 9 A 12 AÑOS)

BLACKSTONE-FORD, J., et al. *My Parents Are Divorced, Too: A Book for Kids by Kids.* Washington, D.C.: Magination Press, 1997.

BLUME, J. *It's Not the End of the World.* New York: Yearling Books, 1986.

PICKHARDT, C. *The Case of the Scary Divorce.* Washington, D.C.: Magination Press, 1997.

STERN, E.S., et al. *Divorce Is Not the End of the World: Zoe's and Evan's Coping Guide for Kids.* Berkeley, CA: Tricycle Press, 1997.

(TODAS LAS EDADES)

JOHNSTON, J., EDITOR. *Through the Eyes of Children: Healing Stories for Children of Divorce.* New York: Free Press, 1997.

KREMENTZ, J. *How It Feels When Parents Divorce.* New York: Knopf, 1988.

## RECURSOS EN INTERNET

www.padresehijos.org
www.ayudaafamiliasseparadas.fiestras.com
www.cucutras.com
www.cyberpadres.com/serpadre/home.htm
www.aciprensa.com/Familia/vidaenfam.htm
www.separadasydivorciadas.org
www.psicologoinfantil.com
www.aulainfantil.com

# Índice temático

# Índice general